LÍDER 24 HORAS POR DIA

Maria de Lourdes F. Machado

LÍDER 24 HORAS POR DIA

6ª EDIÇÃO

EDITORA BEST SELLER

CIP-Brasil. Catalogação-na-fonte
Sindicato Nacional dos Editores de Livros, RJ

M439L
6ª ed.

Machado, Maria de Lourdes F.
Líder 24 horas por dia / Maria de Lourdes F. Machado. – 6ª ed. – Rio de Janeiro: Best*Seller*, 2012.

ISBN 978-85-7684-434-1

1. Motivação (Psicologia). 2. Sucesso nos negócios.

05-0598

CDD – 813
CDU – 821.111

LÍDER 24 HORAS POR DIA

Direitos exclusivos desta edição reservados pela
EDITORA BEST SELLER LTDA.
Rua Argentina, 171, parte, São Cristóvão
Rio de Janeiro, RJ – 20921-380

Impresso no Brasil

ISBN 978-85-7684-434-1

Agradecimentos

A Guto,
que muito colaborou para que este livro pudesse existir. Aprendi muito com você.

A Cláudio,
pela paciência, companheirismo e incentivo.

A D. Lina,
mãe coruja, que sempre demonstrou orgulho pelo nosso trabalho e acabou sendo protagonista de alguns exemplos do livro.

A Juliana, Gabriela e Joana,
minhas filhas, companheiras e incentivadoras, que foram as primeiras a me inspirar o desenvolvimento de uma liderança eficaz e com amor.

A Leo, Miriam, Cleide, Marli, Mauro, Eni, William e todos os que de alguma forma colaboraram para que o trabalho fosse finalizado.

Aos ex-alunos,
pela confiança e pelo *feedback*.

A Carlos Eduardo,
grande articulador, que deu o impulso inicial junto à editora, tornando o sonho uma realidade.

A todas as pessoas que com suas idéias e exemplos fortaleceram e ilustraram este trabalho.

Ao meu "Anjo da Guarda" e a Antônio Gonçalves Dias, fontes de inspiração.

A Deus,
que me deu saúde mental e física para conhecer e entender um pouco mais sua maior criação: o Homem. E agradeço o privilégio de ter como missão transmitir conhecimentos a outras pessoas, para que elas possam ser mais felizes e dessa forma construir um mundo melhor.

Apresentação

Maria de Lourdes Ferreira Machado, autora deste trabalho, é uma mulher firmemente ligada em seu tempo. Consciente da necessidade cada dia maior do aprimoramento pessoal, tem dedicado grande parte de sua existência a estudar e compreender o ser humano na sua complexidade, buscando na psicologia, na filosofia e na neurolingüística as bases para o entendimento dos grandes problemas do homem.

Sua formação eclética lhe permite ter em relação ao mundo uma peculiar e específica forma de entender as coisas humanas.

Além de ter um enorme poder de dedicação e estudo, a autora deste trabalho é uma mulher de ação. Durante os últimos anos tem se dedicado a ensinar por todo o país técnicas de valorização das pessoas. De acordo com sua visão, a grandiosidade que todos os indivíduos têm em potencial fica, na maior parte das pessoas, bloqueada por uma névoa que obnubila e impede o desenvolvimento do poder criativo. Sua missão tem sido, nos últimos tempos, a de preparar integralmente os indivíduos para enfrentar os desafios existenciais, bem como melhorar sempre nossa capacidade no trabalho.

A competência, que é hoje fator preponderante para a realização de projetos individuais e de grupo, é um caminho que a autora procura indicar como uma meta a ser alcançada porque, com ela, acredita que a concretização dos objetivos de cada um de nós depende, em muito, de nossa capacidade de aplicação para vencer desafios.

Wilson Borges
Doutor em Filosofia do Direito
Professor da Universidade de São Paulo

Uma palavra da autora

Este livro não tem a pretensão de lançar uma nova teoria ou técnica, mas sim de exaltar e homenagear cientistas, pesquisadores, enfim, pessoas que, convictas de que cada ser humano é uma maravilha a descobrir, dedicaram anos de suas vidas observando, pesquisando, com o firme propósito de fazer com que cada um utilize mais e melhor o seu potencial, pois desconhecemos o gigante que existe dentro de nós.

As ferramentas que aqui agrupamos têm nos mostrado, desde 1970, através de pesquisa, treinamento e aplicação prática — tanto na área pessoal como na profissional —, que Deus nos fez perfeitos, pois o ser humano é a única máquina na face da Terra em condições de se programar e desprogramar a qualquer momento. Cada uma das técnicas desvenda um pedaço do "manual" de funcionamento do computador mais perfeito: a mente do ser humano.

Qualquer indivíduo que tenha a pretensão de liderar pessoas antes de mais nada terá que entender e dominar seus próprios mecanismos, para depois comandar outros.

Desde 1986 ministramos o curso Líder 24 Horas por Dia, e o que nos motivou a escrever este livro foram os testemunhos de ex-alunos que obtiveram resultados fantásticos: empresas que se reergueram; famílias que se reconciliaram; novas empresas surgindo. E o mais importante, comum a todos: "Ficou mais fácil conviver comigo mesmo e com os outros, sinto-me mais feliz".

Este livro foi escrito para aqueles que pretendem desenvolver uma liderança eficiente e eficaz, ou que já sejam líderes, pois, como afirmou Tagore: "Nada é tão bom que não possa ser melhorado".

Sejam bem-vindos!

Índice

Introdução

Ao final de uma conferência, o escritor Guy de Maupassant foi abordado por alguém com a seguinte pergunta: "O que é preciso para escrever um conto?". Dono de grande poder de liderança em sua profissão, o escritor resumiu a resposta em uma única palavra: Talento!

Este livro propõe-se entregar-lhe as "ferramentas" para que você construa sua liderança, 24 horas por dia. A proposição é nossa; a deliberação é sua, e a ação precisa partir de você. Como a vida não entrega nada de graça a ninguém, há um tributo a ser pago para que essa posição seja alcançada. Vai ser preciso utilizar parte de seu tempo para estudar as técnicas; determinação, para aceitar as mudanças que por certo virão; e vigilância constante sobre suas atividades e ações, até que elas se tornem espontâneas em sua vida. Só então você estará usando plenamente seus talentos e habilidades e, quando isso acontecer, poderá proclamar que é Líder 24 horas por dia; contudo, isso já não será necessário, pois outros estarão fazendo isso por você.

Neste momento você está defronte, talvez, da mais importante deliberação de sua vida. Delibere a respeito e então decida. Aqueles para quem a resposta for "não", a melhor solução será encontrar uma cama macia e confortável, num quarto escuro e silencioso, onde não venham a ser perturbados e possam ter "descanso eterno". A esses, desejamos bom sono! Você, que quer deixar de lado o *status quo* e tornar-se Líder 24 horas por dia, arregace as mangas e prepare-se para a luta.

O trabalho será árduo, pois o prêmio que a vida lhe vai pagar será proporcional ao quanto você foi capaz de apostar em si próprio. Aquele que não acreditou plenamente e apostou pouco vai receber um prêmio de consolação, equivalente ao que teve coragem de investir. Aquele que apostou alto vai receber um prêmio alto, mas... aquele que apostou todas as fichas, confiante em sua capacidade de decisão e ação, vai receber o prêmio maior que a vida pode dar: o equivalente ao que foi planejado e elaborado — a plenitude.

Você ainda leva o *handicap* de não estar sozinho nessa luta. Nós estaremos sempre ao seu lado durante a jornada; mas... a decisão continua a ser sua.

James Allen, conhecido pensador norte-americano, disse: "Como o Homem pensa, assim ele é; a forma como ele segue pensando, assim ele permanece".

Você estará sempre seguindo as trilhas que escolheu; então, procure seguir pensando e acionando o que considera construtivo, pois você não é o que deseja: você está onde batalhou para chegar.

Um instante de reflexão — Agradecimento e comprometimento

Você continua comigo? Que bom! Daqui por diante estarei dirigindo minha palavra especificamente a você, que escolheu ser líder. Por ser esse o seu objetivo, tome posse das ferramentas necessárias para alcançar as metas propostas por você. Antes porém de iniciarmos nossa jornada, vamos ter, juntos, um instante de reflexão.

Vão ser entregues a você, a partir de agora, ferramentas muito importantes e poderosas, destinadas a proporcionar maior poder sobre você próprio e sobre terceiros. É como se lhe fosse confiada a guarda do cofre do poder, para que você seja seu guardião. Isso confere honra, mas exige responsabilidade.

Antes de tomar posse dessa chave, pare um instante, reflita, entre em sintonia com aquela força maior — que provavelmente você denomina Deus — e, dentro de sua forma de conversar com Ele, faça duas coisas:

1ª — Agradeça a essa Força por lhe haver dado a oportunidade de ser guardião desse tesouro, ou seja: de conhecer uma parte do Manual que mostra como funciona sua mente e como ela pode ser utilizada objetivamente em direção às ações positivas e produtivas. Agradeça também por estar vivo, íntegro, inteligente e com vontade de crescer.

2ª — Assuma solenemente o compromisso, com você próprio perante Deus, de que essas ferramentas não serão usadas como armas de agressão, servindo apenas para promover crescimento, união e felicidade, sua e daqueles que o cercam. Peça à Força que lhe dê brilho e amplitude de visão, para jamais usá-las com o intuito de manipular pessoas.

Ao assumir o compromisso de fidelidade para com os dois itens propostos, faça-o com respeito e profunda introspecção, para dar a si mesmo o devido valor. Quanto você vale? Quando duas pessoas se unem pelos laços do matrimônio, obedecem ao ritual de colocar, cada uma no dedo da outra, um anel — que muitos usam apenas como *status* mas que simboliza a aliança entre os dois. Daí o nome "aliança", dado a esse anel. Aliança significa aliar-se, estar junto, combater ao lado; lutar por um mesmo ideal, ter cumplicidade com aquele objetivo. Faça uma aliança com o objetivo proposto nos dois itens, seja fiel a eles, e você saberá sempre onde buscar forças para manter esse compromisso, que lhe é sagrado.

Agora, por um minuto, abandone estas páginas e faça uma profunda reflexão a respeito do que foi dito. Depois lembre-se de agradecer a Ele o privilégio de ser portador dessas ferramentas. Durante o próximo minuto, faça esse exercício. Depois retorne à leitura, a partir do capítulo primeiro.

Faça isso agora!

PRIMEIRA PARTE

1

A empresa mais importante da face da Terra — Você!

É importante planejar

Nas últimas décadas, em comparação com o que ocorreu desde o homem primitivo até o de nossos dias, houve uma vertiginosa e fulminante aceleração do processo de desenvolvimento mundial.

Essa mudança exigiu intensificação das relações humanas, aumento de atividade e necessidade de maiores conhecimentos. Em face desses reclamos do mundo atual, o homem tem se esforçado para melhor adaptar-se a seus semelhantes. Por meio do estudo cada vez mais aprofundado das relações humanas, ele busca amenizar tensões, conflitos e antagonismos e favorecer a participação, a colaboração e a cooperação.

Para melhor corresponder a imperativos do momento e compreender a vida em sociedade, o homem precisa, basicamente, de reflexão e planejamento. Por meio da reflexão ele desenvolve níveis cada vez mais aprimorados de discernimento, compreensão e julgamento da realidade, favorecendo a organização e a disciplina de sua ação, partindo sempre para realizações mais complexas e requintadas.

Em nosso dia-a-dia, enfrentamos situações que requerem planejamento, as quais nem sempre estão formalizadas. Para as atividades diárias raramente delineamos etapas concretas de ação. Isso porque sua consecução está ligada a um processo rotineiro ou mesmo tradicional; diariamente nós as realizamos da mesma forma: por exemplo, levantarmo-nos pela manhã.

Todavia, quando nos propomos a realizar uma atividade não tão comum, em nosso dia-a-dia, buscamos racionalizá-la através de metodização que favoreça, em última instância, o alcance do que desejamos. Isso deve ser processado sempre de forma econômica e eficiente. Por exemplo, quando nos propomos a fazer uma série de compras. Inicialmente determinamos que artigos desejamos adquirir; conforme as mercadorias pretendidas, estabelecemos um itinerário X, que favorecerá essa realização. Nessa segunda etapa, temos uma série de alternativas a decidir em relação ao que fazer para consumar essas compras. Num momento posterior praticamos a ação, isto é, percorremos o itinerário preestabelecido e realizamos as compras. Depois, verificamos qual foi o resultado obtido, ou melhor, entre as compras desejadas, verificamos o que realmente conseguimos adquirir. Aqui ainda temos oportunidade de constatar se os meios adotados foram os mais adequados ao que desejávamos realizar.

Essa é uma situação comum em nossa vida. Rememorando nossas experiências em relação ao exemplo dado — realizar compras —, podemos perfeitamente comprovar a necessidade dessa sistematização para, com maior eficácia, satisfazermos nossos propósitos.

Assim também acontece nos mais diversos campos da atividade humana. Para a obtenção do êxito, o planejamento se impõe como medida básica. O juiz que preside um julgamento prepara, de antemão, as ações que praticará na "corte de injustiça"; o médico que realiza uma intervenção cirúrgica prevê sua ação, compatibilizando-a com as normas da técnica mais adequada ao caso; o viajante tem sua previsão feita para cada etapa da viagem a ser realizada; a dona de casa planeja como administrar o lar.

Disso tudo concluímos que o planejamento é um conjunto de ações coordenadas entre si que concorrem para a obtenção de um certo resultado desejado[1].

Sucesso é um estado de espírito

Comece bem, desenvolva bem e finalize bem o que estiver fazendo, e você terá obtido sucesso. Essa é uma verdade que está ao alcance de qualquer um, mas também é verdade que em muitos pontos da jornada a realização de nossos objetivos depende de terceiros. Quantas vezes um negócio deixa de se realizar porque nossa proposta não alcançou os interesses da parte contrária, não tendo sido aceita por ela. "Se ele tivesse aceito... Se eu conseguisse convencê-lo... Se... se... se..." Há sempre um "se" se interpondo no caminho, impedindo que as metas sejam alcançadas. Toda realização — num ponto ou noutro — depende de terceiros. Então somos sempre dependentes de outros para obter sucesso?

Em primeiro lugar, que é sucesso, para você?

Para nós — e para todos aqueles que triunfaram — sucesso não é um lugar a ser alcançado; é um *estado de espírito.*

De todo o sucesso que já conseguiu, até hoje, em todas as suas conquistas, você colocou 100% de trabalho, mas 80% do sucesso alcançado dependeram de você, e 20% de outros. Quanto mais você puder fazer para que o sucesso, na realização de alguma coisa, dependa unicamente de você, maior controle terá sobre sua vida e sobre o rumo que deseja dar a ela. Ou seja: mais independente você será. Então, se o bom resultado de uma ação vai depender de sua garra, do seu desempenho, do seu poder de decisão e ação, quanto mais

1. CBTU — Liderança

segurança você tiver nas decisões que precisa tomar, mais certeza terá de que vai chegar aonde se propôs chegar.

Nossa proposta é fazer com que você conheça mais sobre si próprio e sobre as habilidades que deve desenvolver para facilitar sua vida.

SUCESSO	=	100%
VOCÊ	=	80%
OUTROS	=	20%

Pesquisas[1] têm mostrado que, no ramo de vendas — não importando o tipo de venda, a praça ou as circunstâncias —, 80% dos profissionais realizam 20% dos resultados positivos, enquanto os outros 20% realizam 80% dos resultados positivos. Todos trabalham com o mesmo produto, vendido ao mesmo preço, na mesma praça, durante mais ou menos as mesmas horas trabalhadas. A minoria (20%) consegue a maioria dos resultados positivos (80%). A maioria (80%) não vai além dos 20% desses resultados. Por quê?

A mesma pesquisa mostrou que há vários fatores que levam a esses números: dedicação, conhecimento e confiança no produto e na empresa, arrojo, domínio sobre as técnicas de vendas etc. Contudo, os itens que mais pesaram nesse estudo foram a atitude mental do profissional sobre seu trabalho e sua capacidade de captar, durante a conversa inicial, os interesses, desejos, necessidades e medos do comprador.

---

1. Pareto, Vilfredo — Sociólogo e economista italiano, nascido em Paris (1848) e falecido em Céligny (Suíça, 1923). Trabalhou para fazer da economia um sistema mecânico de utilização, através da Teoria de Pareto. (N. da A.)

Os vendedores capazes de utilizar produtivamente essas técnicas para vencer as objeções dos entrevistados foram aqueles 20% que realizaram 80% das vendas, o que mostra a importância do domínio sobre essas técnicas.

Essa regra pode ser transportada para qualquer outro setor do "mercadão da vida" porque, afinal, nesse mercado tudo são vendas, desde o bebê que chora no berço, vendendo a idéia de que precisa ser alimentado ou mimado, até o "brotinho"que baixa os olhos, com vergonha, vendendo ao "garotão" a idéia de que deve tomar a iniciativa de cortejá-la. Todos estamos vendendo algo a alguém. Vamos ver então como vender melhor os nossos produtos, que são nossos talentos e habilidades.

O melhor caminho para conduzi-lo bem, dentro do dinâmico Mercado da Vida, é o caminho da informação, que leva às soluções. Uma informação importante — mais facilmente acessível a quem conhece as técnicas da PNL (programação neurolingüística): cada ser humano possui três canais de comunicação: cinestésico, visual e auditivo.

Cada um deles capta, assimila e entende de forma diferente as informações recebidas. É, pois, importante saber a maneira correta de transmitir as mensagens a cada um deles, para que as pessoas entendam o que se quer dizer. É preciso transmiti-las de forma diferente, porque as pessoas são diferentes.

Classes socioeconômicas diferentes têm interesses diferentes. Pessoas de classes culturais diferentes têm interesses diferentes. Os seres humanos têm "temperos" diferentes; é preciso estar preparado para lidar com esses temperos diferenciados.

Você S/A — Como é composta essa empresa

Cada ser humano é um empresário no contexto universal, onde está constantemente tomando decisões importantes;

portanto, quer queira, quer não, cada um de nós é uma empresa no imenso "mercadão da vida". Embora cada uma dessas empresas tenha todas as chances de crescer e vencer nesse mercado, é sabido que existem percalços, tropeços, que acabam atravancando o caminho da maioria de nós, colocando freios em nosso crescimento. Evitar que isso aconteça nem sempre depende do desejo e das intenções de cada um. Como superar isso?

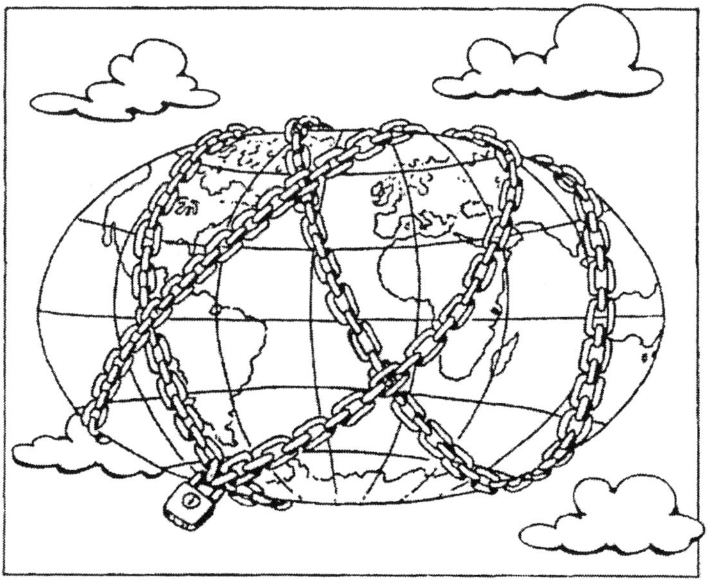

Primeiramente é importante que nos conscientizemos de que a empresa em que consistimos possui departamentos — comercial, financeiro, administrativo etc. — e produtos comercializados. Vejamos quais são esses departamentos: Familiar, Social, Profissional, Mental-Intelectual, Físico, Espiritual, Financeiro e de Dinamização.

Departamentos

Agora veremos os produtos (talentos e habilidades): Conhecimento (*know-how*), Comunicação, Energia, Administração do Tempo, Criatividade, Concentração, Decisão e Ação.

Produtos

Faça uma auditoria em Você S/A

Vamos começar a fazer uma auditoria nessa empresa que é Você S/A:

Cada um dos raios desta figura, que chamaremos "roda da vida", representa um Departamento de sua vida. Em cada um deles marque, de zero a dez, onde você se encontra neste momento, lembrando que dez deve ser o ápice de seu ponto ideal. Após assinalar todos os Departamentos, una os pontos e construa a roda da sua vida.

Roda da Vida

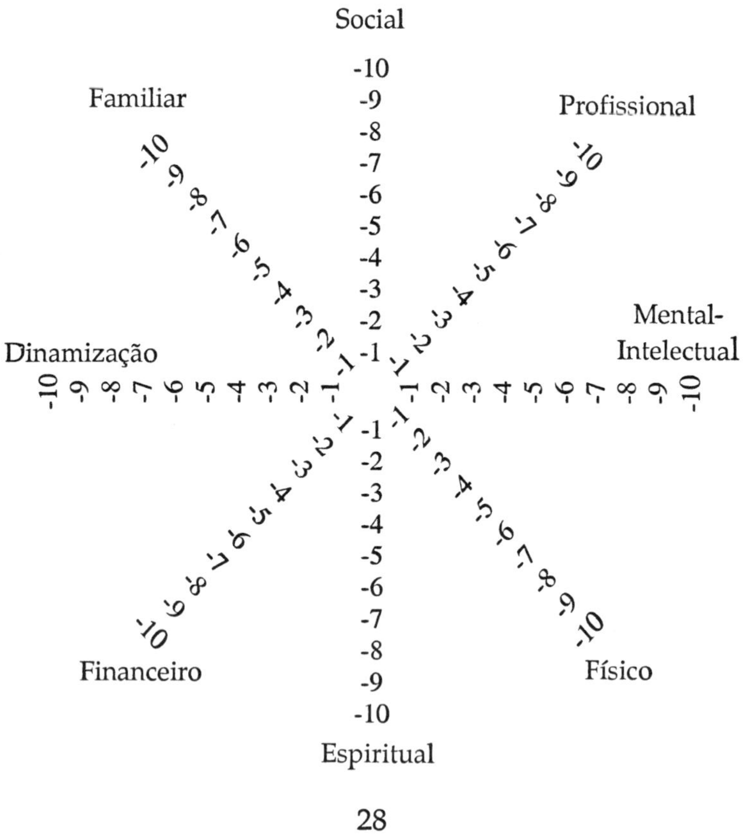

Obs.: Faça a lápis ou tire cópias antes de fazer, para que, de tempo em tempo, possa refazê-las.

Lembre-se: O equilíbrio entre as áreas é muito importante; uma única área que estiver menos cuidada poderá trazer sérios danos às demais.

Agora faça um controle de qualidade de seus produtos (talentos e habilidades). Aplique um conceito — de zero a dez — a cada raio, correspondente a cada produto, considerando que "Dez" é a forma que você considera ideal para trabalhar com cada habilidade.

Ligue os pontos e construa sua Roda de Talentos e Habilidades.

Roda de Talentos e Habilidades

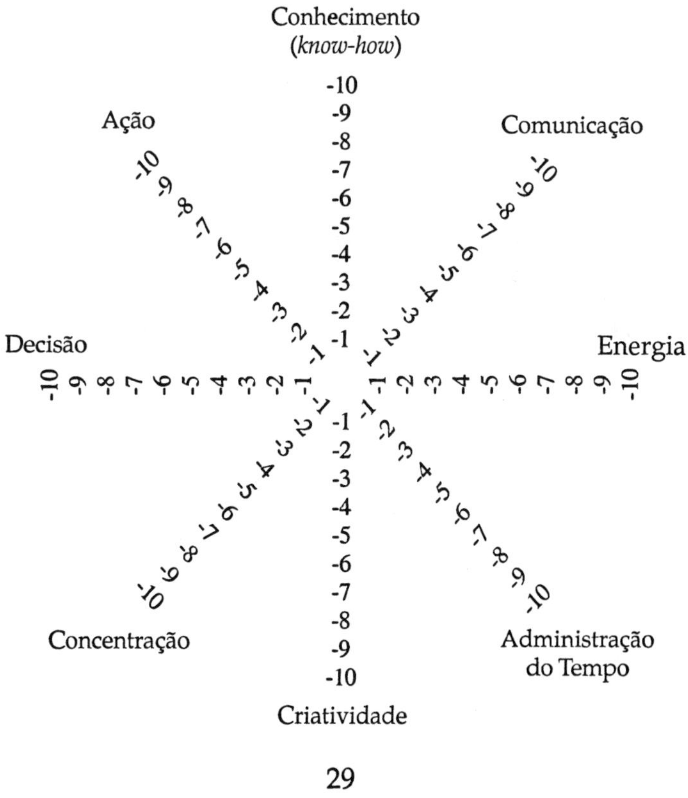

Obs.: Faça a lápis ou tire cópias antes de fazer, para que, de tempo em tempo, possa refazê-las.

Para que aquelas rodas girem sem sofrer grandes atritos, é preciso que cada uma delas forme um círculo. Ao trabalhar no sentido de aparar possíveis arestas, você estará dando os passos decisivos rumo ao seu crescimento. Qual o ponto de partida para isso?

Os três passos para o desenvolvimento de Você S/A

- *Passo 1* — Estabeleça sua missão de vida.
- *Passo 2* — Determine seu objetivo em cada departamento a longo prazo.
- *Passo 3* — Estabeleça suas metas: a longo prazo, a médio prazo, a curto prazo, a curtíssimo prazo.

Passo 1: Estabeleça sua missão

Dedique o tempo que for necessário para descobrir e traduzir, de forma clara e objetiva, qual sua missão de vida. Faça *brainstorming* — tempestade de idéias. Leve em consideração:

a) O que você sabe fazer?

____

____

b) As coisas que lhe dão satisfação, ao fazer.

____

____

c) Os empreendimentos que você tem muita vontade de realizar, e pelos quais seria capaz de renunciar às coisas corriqueiras e banais.

____

____

d) O que lhe provoca grande interesse?

e) Quais os valores que regem sua vida?

Faça um balanço de "custo/benefício". Estabeleça um parâmetro com alguém que tenha tido uma missão semelhante.

Descubra:

O que essa pessoa conseguiu?

Em quanto tempo?

Como conseguiu?

Onde conseguiu?

Que tipo de sensação você deverá ter, ao assumir essa missão?

Como irá sentir-se, se estiver em situação análoga?

Relacione:

Do que terá de abrir mão?

Que prejuízos poderão advir em conseqüência dessa opção?

O que (ou quem) poderá impedi-lo de continuar sua missão?

____

____

Isso trará prejuízo a alguém?

____

____

Você estará destruindo algo importante para a natureza, ou ao bem comum?

____

____

O que se modificará positivamente em sua vida, se levar avante essa missão?

____

____

O que poderá surgir de novo?

____

____

Então, vale a pena? (Se a resposta for "sim", recomece, ou vá em frente.)

Se pararmos para analisar a missão de alguns grandes vultos da História — sem nos deter no sentido político ou religioso da questão —, veremos que todos eles devem ter passado por momentos em que esse questionamento se terá feito presente.

O bom senso recomenda iniciar pelo maior exemplo de missão: Cristo. Imagine-se fazendo a Ele as perguntas relacionadas acima e pense qual deveria ser Sua resposta.

O grande inconfidente Tiradentes, quando foi traído e preso, levou tão alto o sentido de sua missão que, ao ser julgado, chamou para si toda a responsabilidade, isentando os demais inconfidentes de culpa, mesmo sabendo que isso o levaria à forca. O "rebelde" Nelson Mandela passou 27 anos na prisão, mas não abriu mão de sua missão. Che Guevara passou privações nas florestas de Cuba, mas não desistiu daquilo que tomou como missão, até vir a morrer por ela. Para citar um exemplo mais próximo e atual, vejamos a bandeira levantada por Betinho, na luta pela missão que se propôs.

Missão não significa, necessariamente, dar a vida por ela, embora em alguns dos casos citados isso tenha ocorrido. Missão é trabalhar com afinco para alcançar aquilo que você se propôs, sem medir esforços para alcançar a meta estipulada, mesmo que isso não leve a extremos sacrifícios.

> Era uma vez uma menina que, desde seus mais tenros anos, sempre sonhou ser professora, para transmitir informações aos outros. Seu brinquedo predileto era colocar as bonecas sentadinhas, como se estivessem em uma sala de aula, onde ela lhes ministrava aquilo que julgava ser o que as crianças aprendiam na escola. O sonho de criança transformou-se em desejo na menina, que escolheu na juventude ser professora. Seu desejo de passar as informações que recebia era tão grande que, após formada, não batalhava por bons salários; tudo o que pedia era a oportunidade de lecionar. Quanto mais pobres e carentes fossem os alunos, mais realizada ela se sentia. Encontrou muitos percalços em sua jornada, muitas pedras foram colocadas em seu caminho, mas seu ânimo não arrefeceu. Seu objetivo era um só: transmitir ensinamentos, a quem quer que fosse. Após muitos anos de batalha — e muitos insucessos — ela acabou alcançando seu objetivo: promover cursos e seminários, de norte a sul do Brasil. Sua missão de professora não terminou; permanece tão presente quanto sempre foi.
>
> Essa menina sou eu.

Porque o ser humano não tem limites — assim como suas realizações —, quando ele limita seu objetivo maior, limita também a capacidade de ação, restringindo seu potencial de energia realizadora àquilo a que se limitou.

Por outro lado, quem é capaz de apostar todas as fichas naquilo em que acredita, com coragem para acionar a esperança em busca da realização de suas metas, não coloca dúvidas em seu próprio potencial de energia, rumo à sua missão. Como prova disso temos o edificante exemplo de Walt Disney, que, embora tenha sido, quando jovem, despedido do jornal onde trabalhava, por ser julgado sem criatividade e imaginação, acreditou que tinha algo a dar: batalhou durante anos, falhou muitas vezes (chegou a ter decretada a falência de sua empresa), mas acabou por montar o Império Disney. Ele não tinha — segundo suas próprias palavras — o intuito de enriquecer, mas sim de custear sua missão, que era — e continua sendo — divertir as pessoas. Ele costumava dizer: "Acho melhor divertir as pessoas na esperança de que elas aprendam do que ensinar as pessoas na esperança de que elas se divirtam". A Fundação Disney é fruto do trabalho de alguém que assumiu, como missão, divertir pessoas; e ele a cumpriu galhardamente.

Lembre-se: cada vez que aceitar uma missão, os desafios surgirão. Saiba, porém, que existem dentro de você todas as respostas para a solução de cada um desses desafios.

Verifique se consegue fazer suas as afirmações de Andreas e Faulkner em *A Nova Tecnologia do Sucesso*:

"Minha missão na vida reflete quem eu sou. Ela define como uso minhas habilidades (e talentos) e orienta minha maneira de agir no mundo".

É importante comprometer-se com sua missão; não basta envolver-se com ela. Há uma grande diferença entre envolvimento e comprometimento. Quem se envolve, questiona; quem se compromete, aciona. É mais ou menos assim:

> No seu almoço o pé de feijão-soja envolve-se com você, ao fornecer-lhe o óleo para as frituras, pois dá o fruto mas preserva a planta. O milho, entretanto, compromete-se com você, ao dar a vida para fornecer as espigas.

Para comprometer-se verdadeiramente com sua missão, adquira o hábito de questionar-se sobre seu posicionamento em cada um dos Departamentos de sua vida; procure ajustar cada um deles à sua missão, da mesma forma como você negocia com sua esposa ou seu marido, pais, filhos, chefes, subordinados, amigos etc.

Começe a esboçar a sua missão sem a preocupação de estabelecê-la como definitiva.

Passo 2: Identifique e estabeleça objetivos

Nas primeiras décadas deste século a noção de respeito, imposta socialmente, era muito diferente da que temos hoje. Quem não viveu essa época não faz nem idéia de como tudo era fechado, hermético, hierarquizado. O que então era tido como respeito nada mais era que temor, medo. Nas empresas, por exemplo, os diretores eram quase um "bicho-papão" para os funcionários; aqueles, por sua vez, consideravam o presidente da firma um monstro sagrado. O contador, figura largamente caricaturada por sua indumentária de trabalho — constituída de viseira preta, para protegê-lo da forte luz que emanava da lâmpada sobre a prancheta, e sobrepunhos, também pretos, presos por elásticos na parte superior dos braços, para proteger as mangas da camisa contra a poeira engordurada dos imensos livros, pretos, é claro, em que ele escriturava com penas "mosquito" o movimento financeiro da organização —, mais um bando de silenciosos e estáticos senhores debruçados sobre suas mesas, formavam o taciturno ambiente da empresa. O presidente ditava as ordens, os diretores diziam "sim, senhor" e vociferavam as instruções aos subalternos, que não ousavam sequer levantar os olhos do que estavam fazendo.

Nessa atmosfera pesada e bolorenta o progresso andava a passo de tartaruga, e, embora houvesse raras e honrosas exceções, qualquer inovação levava, às vezes, anos para ser introduzida no ambiente de trabalho. É importante a colocação dessa imagem para que se tenha noção das radicais mudanças ocorridas, principalmente no universo comercial, ao longo destas poucas décadas. Hoje seria inadmissível, mesmo para um *office-boy*, seguir essas regras estranhas.

Entre tantas centenas de outras inovações, as empresas utilizam hoje, com seus funcionários, o sistema intitulado *brainstorming*, que pode ser traduzido por "tempestade de idéias". Estudos têm mostrado que, freqüentemente, algumas idéias aparentemente esdrúxulas, sugeridas em tom de brincadeira, foram incorporadas aos produtos ou serviços de empresas, tornando-os melhores, mais baratos ou mais acessíveis aos usuários. Hoje, em quase toda reunião empresarial, os participantes são induzidos a expor suas idéias, por paradoxais que possam parecer — até mesmo piadas, por absurdas que sejam, ou aparentemente sem valor, podem se tornar algo útil e rendoso. Tanto isso é verdadeiro que no Japão, por exemplo, nenhuma idéia criada é desperdiçada.

Considerando que você se constitui numa empresa, use o mesmo processo ao estabelecer suas metas rumo aos objetivos que determinou. Aquilo que agora pode parecer fora de propósito para você, talvez meia hora mais tarde comece a adquirir caráter de algo viável, podendo vir a ser seu principal trunfo ao acionar uma meta.

Ao serem entrevistados sobre seu mais recente invento — o cinematógrafo —, os irmãos Lumière declararam que aquilo era apenas uma novidade que teria vida curta. Não acreditavam no sucesso daquele processo, que era apenas uma brincadeira, feita para passar o tempo. Como eles estavam errados ao duvidar daquilo que acabavam de criar!

Será que o inventor do clipe para prender papéis imaginava que aquele pedacinho de arame dobrado iria ter o sucesso duradouro que tem?

Coloque no papel toda idéia que tiver, mesmo que ela lhe possa parecer tola e sem proveito.

A maioria dos desafios aparece de repente em nossas vidas, sem aviso prévio. Quando o desafio demanda ação mais incisiva, quando não temos saída, a não ser promovendo imediatamente algum tipo de ação para impedir que aquilo aconteça — ou para interromper algo que já esteja acontecendo —, então, conscientemente, estabelecemos metas e trabalhamos para alcançá-las. Não raro o plano de ação não foi bem estruturado, então somos derrotados pelo desafio. Isso pode ocorrer por vários motivos; entre eles, a não divisão das metas de ação em curto, médio e longo prazo — já explicado —, a não obediência ao plano de ação elaborado, a não observância à técnica de proposição-deliberação-decisão-ação — que veremos mais adiante — e a falta de atenção quanto aos itens urgência *versus* importância. Na maioria dos casos, porém, os desafios são tão corriqueiros que passam despercebidos, não chegando a abalar-nos conscientemente. Então agimos por instinto sem estabelecer, conscientemente, as metas necessárias, e vencemos com tranqüilidade o desafio, sem nem perceber que havíamos travado uma pequena "batalha". Isso ocorre porque a ação movida pelo instinto costuma ser natural, e o que é natural — como o próprio nome diz — age em harmonia com a natureza, que é sábia; ela não dá saltos, e obedece a um princípio fundamental, chamado paciência. Quando temos sabedoria para escolher o passo certo e paciência para esperar o momento exato de dá-lo, a ação se processa com maior segurança e temos mais chances de alcançar êxito. Saber o momento exato de colocar ação na meta predeterminada é sinal de sabedoria.

Uma das formas de saber o momento certo para dar um passo é utilizar a técnica.

Passo 3: Estabeleça suas metas

Qualquer que seja o objetivo proposto, em qualquer das áreas da vida, será mais facilmente alcançado quando forem estipuladas metas a curtíssimo, curto, médio e longo prazo. Se alguém inicia uma dieta com o intuito de emagrecer trinta quilos em seis meses, terá mais chances de alcançar o objetivo se dividir a tarefa em fases. Seria insensato desejar eliminar quinze quilos na primeira semana.

Ao fracassar nessa tentativa a pessoa perderia o entusiasmo, por ver frustrado seu objetivo. A partir daí tornar-se-ia cada vez mais difícil cumprir a programação proposta; mas, se ela dividir a meta a longo prazo (seis meses) em metas a médio prazo, bastará emagrecer cinco quilos por mês. Dividida em etapas ainda menores, será suficiente eliminar 1250 gramas por semana, o que significa 167 gramas por dia — o que é bem mais fácil — para que seja alcançada a meta a longo prazo, de trinta quilos em seis meses.

Quando dividimos um trabalho longo e difícil em etapas pequenas, torna-se mais fácil cumprir cada fase, com a atenção voltada para um esforço menor em cada uma delas. Quando se fala em metas a curto prazo, logo vem à memória o fato — verídico — contado pelo autor de *O Pequeno Príncipe*, em seu livro *Terra dos Homens*. Antoine de Saint-Exupéry[1] conta que, nas décadas de 20 e 30, nos primórdios da aviação comercial, ele ingressou no Correio Aéreo Francês, junto com um amigo chamado Guillormée. Desprovidos de qualquer tecnologia, sem a ajuda de mapas, roteiros ou qualquer

1. Saint-Exupéry, Antoine de, aviador e escritor francês. Nasceu em Lyon (França) em 1900. Morreu em 1944, desaparecido em missão de guerra. O avião que pilotava caiu no mar e nunca foi encontrado. (N. do E.)

aparelho que os ajudasse a estabelecer uma rota, munidos apenas de um relógio e uma pequena bússola, os pilotos decolavam em seus minúsculos aparelhos de um só lugar para transportar a correspondência aos lugares mais distantes. A norteação se fazia pelos acidentes geográficos no solo. Ao alçar vôo o piloto tinha de voar a baixa altitude para sobrevoar o curso do pequeno riacho até o lugar onde ele fazia uma curva à esquerda; nesse ponto o piloto deveria seguir em frente até avistar a capela pintada de branco, ao pé da colina; ao passar por ela seria preciso girar 45° à direita e começar a procurar o pinheiro solitário.

Logo adiante ele avistaria o pequeno povoado, ponto onde deveria iniciar o procedimento de subida, devido à proximidade dos Alpes Franceses.

Em verdade, naquela época, pilotar era uma aventura perigosa, e os que se arriscavam a fazê-lo eram tachados de loucos e irresponsáveis.

Guillormée pilotava sobre a cordilheira quando seu pequeno monomotor sofreu uma pane e caiu sobre a montanha de neves eternas. Embora não se tivesse ferido gravemente, suas pernas apresentavam profundos cortes e sérios ferimentos. Com muito esforço, sentindo fortes dores, ele abandonou a cabine do avião destroçado. Ao constatar a extensão de seus ferimentos compreendeu que não teria como sair dali sozinho. Perscrutou o horizonte em todas as direções e só viu solidão gelada. Conhecedor da região, após rápida análise entendeu que seu fim estava próximo, principalmente em razão dos sérios ferimentos que sofrera nas pernas. Por um instante sentiu-se tomado pelo pânico e pela dor de saber que chegava ao fim de seus dias. Pensou na família, que não tornaria a ver, nos amigos, nas tantas coisas que ainda pretendia realizar e na impotência de não ter a quem pedir socorro. Depois, já mais conformado, pôs-se a pensar sobre as medidas a tomar. Não havia nada a fazer, no sentido de sobrevivência, portanto o mais sensato seria deitar-se na neve e esperar que o torpor causado pelo frio tomasse conta de seu corpo, permitindo-lhe ser envolvido, sem dor, pelo manto da morte. Deitado sobre a neve Guillormée dirigiu o pensamento a seus filhos, que ele não veria crescer, e à esposa, de quem tanto gostava. Aquele homem de espírito forte, batalhador, lutava consigo mesmo para resignar-se à situação. — *Meu consolo* — pensava ele — *é saber que eles não ficarão desamparados; meu seguro de vida tem cobertura suficiente para proporcionar-lhes a subsistência por muito tempo. Menos mal! Felizmente tive o bom senso de estar preparado para uma situação destas; tão logo seja liberado meu atestado de óbito, a companhia de seguros...*

Nesse instante Guillormée teve um sobressalto; sua apólice rezava que o seguro só seria pago mediante a apresentação do atestado de óbito. Ora, naquele lugar inacessível seu corpo jamais seria encontrado; ele seria dado por desaparecido. Não haveria, pois, atestado de óbito. Sua família passaria anos de privações, antes que ele fosse oficialmente considerado morto. Apavorado com essa idéia, ele pensou: *A primeira tempestade de neve que cair vai soterrar meu corpo; nunca vão me achar. Preciso caminhar até um lugar onde meu corpo possa ser encontrado.*

As dores que sentia eram cruciantes, mas sua determinação era maior. Ele sabia que ao pé da cordilheira havia um povoado cujos moradores costumavam aventurar-se até certa altura da montanha para caçar. A distância era longa — vários quilômetros —, mas ele precisava realizar a última proeza de sua vida: chegar até onde seu corpo pudesse ser encontrado por um caçador. Reunindo todas as forças que ainda lhe restavam, obrigou-se a ficar em pé. Foi preciso um esforço hercúleo para não cair. Consciente da distância que teria de percorrer, e sabedor de que não podia permanecer naquele local, apesar de seu estado lastimável, Guillormée estabeleceu a meta de dar um passo. Jogou uma perna à frente e disse: Só um passo! Com extrema dificuldade empurrou a outra perna e repetiu: Só mais um passo! E, de novo: Só mais um passo!

Concentrando toda a sua energia apenas no próximo passo e estabelecendo um forte condicionamento positivo — através do comando "só mais um passo" —, ele caminhou quilômetros pela neve. Não se permitia pensar na distância que ainda faltava percorrer, ou em sua dificuldade para se locomover; concentrava-se apenas no espaço a ser vencido pelo passo seguinte. Assim caminhou o dia todo. A tarde já ia avançada quando seus olhos, turvos pela dor e pelo cansaço, vislumbraram alguns vultos à sua frente; firmou o olhar e percebeu que se tratava de pessoas que olhavam, estupefatas, para ele. *Agora eu já posso morrer!*, pensou, e deixou-se escorregar para o nada.

Dias depois, já no hospital, abriu os olhos e a primeira imagem que viu foi a de sua esposa ao seu lado.

Guillormée teve amputados alguns dedos de um dos pés, congelados que foram pela neve. Passou algum tempo hospitalizado, até readquirir as forças, mas continuou vivo ainda por muito tempo.

Ao narrar esse episódio acontecido com o amigo, Saint-Exupéry relata a determinação desse homem valente e ressalta o fato de que foi a fixação da meta a curtíssimo prazo (só mais um passo) que lhe propiciou força e ânimo bastantes para vencer a dura prova pela qual passara. Tivesse ele pensado na enorme distância a ser percorrida, na situação física precária em que se encontrava, muito provavelmente não teria encontrado forças para alcançar o objetivo a que se determinou, no alto da montanha.

Esse exemplo deixa bem clara a importância da estipulação de metas bem definidas — a curto prazo (só mais um passo); a médio prazo (chegar ao pé da montanha); a longo prazo (ter seu corpo localizado) — para a realização de qualquer objetivo proposto. Em vez de permitir que suas forças se exaurissem, ao pensar no imenso esforço a ser despendido — olhando o objetivo como um todo —, a estipulação de metas a curto, médio e longo prazo permitiu-lhe total concentração de energia no ponto mais próximo, que era dar o primeiro passo. Assim, cada etapa vencida foi mais um ponto de concentração de energia, em lugar de dispersão.

Outra coisa que fica clara neste exemplo é que as palavras "curtíssimo, curto, médio e longo prazo" não significam necessariamente largos espaços de tempo, e sim a ordenação do que precisa ser feito em primeiro lugar, o que deve ser realizado em seguida, e quais as etapas que precisam estar vencidas para que passemos adiante, para as metas a longo prazo. De nada adiantaria Guillormée desejar que seu corpo fosse encontrado se ele não estabelecesse e executasse as metas a curto, médio e longo prazo com a finalidade de alcançar seu objetivo maior.

Ao estabelecer portanto um objetivo, divida o alvo a ser atingido. Uma vez esquematizado o plano de ação e acionado o esquema de andamento do seu programa, bastarão os pequenos passos para que o ritmo seja mantido. Se uma emergência obrigá-lo a fazer mudanças nos planos, os ajustes também poderão ser feitos com pequenos passos complementares. Esta é a forma de controlar e superar aqueles 20%, que antes dependiam totalmente de terceiros mas que agora — embora ainda realizados por eles — têm a sua supervisão e controle, permitindo-lhe controlar suas ações. É como se esses 20%, dependentes de terceiros, fossem dirigidos por você; ou seja: é como se eles trabalhassem para você.

É simples! Voltando ao exemplo citado (aquele dos vendedores), os 80% que só produzem 20% oferecem o produto ou serviço ao cliente, explicam o funcionamento, mostram as vantagens e perguntam se o cliente tem interesse em adquiri-lo. Os 20% que realizam 80% do trabalho produtivo estipulam suas metas e as colocam em ação durante a entrevista; dessa forma, além de estarem mais seguros na condução da entrevista, sentem mais confiança para solicitar ao cliente que assine o pedido de compra, para se beneficiar das condições propostas. Isso só ocorre com quem sabe o momento exato de fazer o fechamento da venda, o que — por sua vez — só acontece com quem tem total domínio sobre si próprio e sobre terceiros. Percebeu que, neste caso, os 20% — que antes fugiam ao seu controle — passam agora a trabalhar para a realização de sua meta? Notou que, neste caso, você tem 100% de domínio sobre a situação?

Urgente x Importante

Aquele que planta uma semente no solo espera um resultado positivo desse gesto. Se a semente for de árvore frutífera, ele espera colher frutos; porém, seria estupidez pensar colher esses frutos em uma semana. É preciso dar os passos de forma cronologicamente correta e esperar o tempo certo para colhê-los. Neste caso a meta a curto prazo deve ser a aquisição de sementes sadias e a escolha de solo apropriado. Metas a médio prazo: aguardar a época propícia para a semeadura e preparar a terra para receber as sementes. Metas a longo prazo: cuidar da rega, da adubação, dos preventivos contra pragas, da poda na época apropriada, e... ter paciência, para que a natureza faça sua parte. Seria insensato usar defensivos agrícolas antes do momento certo, bem como executar o trabalho de poda antes da época adequada. Todos os passos aqui aplicados são importantes, mas alguns precisam ser dados antes, por serem mais urgentes.

Da mesma forma, em todas as nossas ações é fundamental fazermos a separação do que é urgente daquilo que pode ser feito depois, embora importante.

Você, executivo(a), dona de casa, vendedor(a), estudante, organize seu dia para saber, cronologicamente, o que fazer, desde o instante em que acorda até o último minuto do seu dia, fazendo as coisas em ordem de urgência e importância. Esse expediente não só lhe proporciona mais tranqüilidade nas coisas comuns do seu dia-a-dia como lhe confere mais segurança nos momentos em que precisar pôr em uso seu poder de improvisação.

Aqui vai outro exemplo, para tornar bem claro o que se quer dizer:

João inscreveu-se para um seminário[1] que começa amanhã, às dez horas, porém esqueceu que precisa liquidar algumas contas e compromissos no banco, cujo prazo expira também amanhã. Qual dos compromissos deve cumprir?

Ambos, é claro! Em ordem de importância, para seu desenvolvimento mental, o seminário é mais importante, mas, no cumprimento das leis sociais, saldar os débitos é mais urgente. Portanto ele deve, primeiro, ir ao banco (urgente), depois rumar para o local do seminário (importante). Se, por qualquer razão — hora de abertura do banco, atraso ao sair de casa, trânsito congestionado etc. —, tornar-se impossível fazer as duas coisas no mesmo dia, João reconsiderará os critérios urgente x importante: quais as possíveis sanções — e decorrentes perdas — pelo atraso na liquidação dos negócios no banco? Qual o total das possíveis multas cabíveis? É possível efetuar os pagamentos em data posterior? Por outro lado: quais os possíveis danos por chegar atrasado ao seminário? O assunto exposto antes de sua chegada pode ser de capital importância? É possível inteirar-se do assunto posteriormente, por meio de um colega?

Com um simples telefonema ao banco, ou ao local do seminário, João poderá obter respostas a essas perguntas. Devidamente inteirado sobre qual será o dano menor — não pagar os impostos naquele dia ou chegar atrasado ao semi-

1. "Seminário", palavra que deriva de "sêmen" (semente) e que quer dizer "semeadura". (N. da A.)

nário —, ele poderá posicionar-se quanto à ação a ser executada. Se concluir que será conveniente assistir ao seminário desde o início, João mudará o conceito de urgência, passando o pagamento dos impostos para a coluna de "importante". O que conta é saber que, a qualquer momento — se necessário —, esses conceitos podem ser mudados, por não serem rígidos ou imutáveis. Os únicos requisitos exigidos são estar vigilante e determinar os passos a ser dados para que as mudanças sejam efetuadas com critério e, se possível, sem prejuízos a João.

Por triviais que possam parecer algumas coisas, ocasionalmente esquecemos de ponderar sobre seu grau de urgência e/ou importância e, às vezes, pagamos caro por isso.

Não será mais urgente, neste momento, dar atenção à sua esposa, ao seu marido, à namorada(o) ou ao seu filho(a) do que ao importante trabalho que você está executando profissionalmente? É a inobservância desses "detalhes" que, muitas vezes, leva ao rompimento de um casamento, às distorções de conduta, ao caminho das drogas ou — o que é ainda pior — à contração de uma doença fatal, como a Aids, por exemplo.

Aquele que considera e pondera com maturidade sobre o grau de urgência x importância, em tudo o que faz, dificilmente cairá nas inúmeras ciladas que a vida de vez em quando nos arma.

Fidelidade

Não basta apenas estipularmos metas bem definidas, dividi-las em etapas de curto, médio e longo prazo e atribuir-lhes urgência ou importância. É preciso que haja algo mais: fidelidade.

Quando se fala em fidelidade, pensa-se logo em pessoas — de ambos os sexos — que só têm olhos para seus próprios cônjuges, não é verdade? Errado! Fidelidade é muito mais que isso. Para começar, ninguém é fiel à outra pessoa, e isso é fácil de ser explicado. Quem, em sã consciência, pode afirmar que nunca mentiu ou duvidou de alguém? A fidelidade, em seu sentido lato, não compreende a mentira em hipótese alguma, sob nenhum pretexto. Suponha que alguém — uma mulher, de preferência — a quem você queira bem e não deseje de forma alguma magoar pergunte-lhe se você a acha gorda. Qual seria sua resposta? Você diria que sim, ou procuraria uma maneira inteligente de fugir à pergunta? A fisionomia dela está implorando para que você diga que não. Se realmente a quer bem, provavelmente você será fiel ao sentimento de amizade e dirá que não, para não magoá-la; então não terá sido fiel à verdade. Percebe como não se pode ser fiel a uma pessoa? Assim sendo, é-se fiel a quê?

Só se pode ser fiel a um princípio. Agora sim: escolhendo o princípio que dita as normas do "bem-querer", e por lealdade a esse princípio (o do bem-querer), pode ser dito à mulher gorda que ela não está obesa sem sentir-se culpado por isso.

O homem que não trai a esposa (ou vice-versa), por medo das conseqüências, não é coerente consigo próprio, pois não está sendo fiel a nenhum princípio (medo não é princípio). Ao traí-la, passará a viver em constante sobressalto, temendo ser descoberto. Se não traí-la, sofrerá a frustração de haver perdido a oportunidade de provar o fruto proibido. Mas se for fiel à aliança que os une em casamento, ele terá o motivo necessário para dizer "não" à aventura sem se sentir frustrado.

É óbvio que um princípio só subsiste quando está bem estruturado. Quando isso ocorre não há hesitação nem dúvidas sobre como e por que agir daquela forma. Mas se for escolhido o princípio de se deixar levar pelas aventuras, ainda assim ele estará sendo fiel a um princípio: o de deixar-se levar pelas aventuras, não lhe sendo importante que venha, ou não, a ser descoberto. Ao estipular-se um princípio, revogam-se todas as disposições em contrário. Por esse motivo é importante que se faça uma análise madura, antes de escolher um princípio a ser seguido. É preciso que se aja com a razão[1].

É imprescindível estar preparado para advogar a causa que se acha justa. Ao escolher um princípio está-se jurando fidelidade a ele. Esse juramento só deve ser quebrado quando um fato maior mostre que deixou de haver justificativa para essa manutenção.

Quatro passos básicos para a condição de ser líder

Muitas pessoas fracassam por não ser capazes de definir nitidamente sua posição perante uma situação. A repetição desses fatos acaba por minar sua autoconfiança; toda a vez que precisam tomar uma posição, sentem que não serão capazes de posicionar-se com firmeza, e isso as leva ao estado de pânico, tornando-as ainda mais bloqueadas. Com o passar do tempo poderão acabar por admitir a si mesmas essa fraqueza, o que será fatal para sua identidade. Embora isso aconteça com certa freqüência, e sejam vários os motivos para que isso ocorra, há uma regrinha de quatro passos que pode ser de grande ajuda:

1º Passo — Proposição
A realização de qualquer idéia é fruto de uma proposição, que pode partir de você ou de terceiros.

2º Passo — Deliberação
Tudo o que precisa ser feito merece ser bem feito; portanto, a prudência aconselha que se delibere intensivamente, até chegar a um ponto de consenso sobre o que se quer fazer, para que não haja falhas ao longo da ação. A deliberação pode

---

1. Razão: razoar, defender uma causa, raciocinar. Razão deriva de "razo", posicionar-se sem altos e baixos. (N. da A.)

ser feita por você, pode partir de terceiros ou pode ser realizada em conjunto.

3º Passo — Decisão

A decisão precisa ser sempre sua; explicando melhor: se a proposição e a deliberação foram suas, a decisão será inexoravelmente sua. Todavia, se tudo foi feito em conjunto, é preciso haver consenso. Estando o ponto de vista dos outros em consonância com o seu, tudo estará bem, pois a decisão terá sido consensual; mas se ele se chocar com aquilo que você acha justo, e seu ponto de vista for voto vencido, abandone o projeto mas não compactue com o que — a seu ver — não seja melhor para todos. É preferível ficar de fora a "engolir" algo imposto, só aceito para ser simpático aos outros. Seja, sim, o "pomo da discórdia". Apresente seus argumentos — para isso é preciso que tenha convicção de que está bem fundamentado em seus motivos —, mostre que sua decisão é melhor e procure ser convincente, ou saia daquele projeto mas não assuma a posição de "bonzinho". O bonzinho não é bom para si nem para os outros.

4º Passo — Ação

Tal como na hora da decisão, a ação também precisa ser sua. Não é preciso ser apenas você a assumi-la; a execução pode ser feita em conjunto, mas, sozinho ou em grupo, você precisa estar atuante para que fique patenteada sua condição de líder. Isso não significa também que tenha de chamar para si o trabalho mais duro, mais penoso. Você poderá supervisionar as ações; o que importa é que esteja ativo desde o início da execução do projeto e que chegue ao seu final de forma atuante, patenteando assim sua posição de liderança.

Formando o hábito de não acionar nada antes de dar esses quatro passos, suas chances de acertar serão maiores, você adquirirá mais segurança para posicionar-se diante de qualquer circunstância e estará transmitindo a imagem do líder que deve ser.

2

Continue fazendo auditoria em sua "empresa"

A empresa de que você é constituído necessita passar periodicamente por uma auditoria, para ter condições de continuar atuando no mesmo ritmo e para que sejam eliminados os possíveis pontos negativos do sistema. Em outras palavras, saber onde você está e para onde quer ir.

Cada departamento é responsável por um setor, na confecção e apresentação de seus "produtos", no mercado da vida; por esse motivo precisa atuar harmoniosamente e devidamente "engrenado" a esses setores. Cada dente da engrenagem precisa estar bem lubrificado e adequadamente ajustado ao restante do sistema, em cada uma das áreas de sua vida.

Vamos analisar esses departamentos e estudar a forma pela qual estamos colocando em ação o que produzimos nessas áreas:

Departamento Físico

Quando se fala em estado físico, vem à mente a idéia de modelagem; Fulano tem um corpo atlético, Fulana é bem-feita de corpo. Somos julgados muito em função das aparências, e isso leva as pessoas a se preocupar com a aparência corporal. Uns quilinhos a mais, um abdome ligeiramente proeminente já são motivo de preocupação para quem os tem, e de comentários jocosos por parte dos outros. De fato, o departamento físico exerce influência na área social, e um desequilíbrio naquele departamento pode afetar outras áreas da vida. Quem não se sente bem com o corpo que tem enfrenta dificuldades para colocar seus produtos no mercado da vida; já sai, portanto, em desvantagem. É, pois, necessário bastante harmonia nesse departamento, para que nossa empresa alcance sucesso naquele mercado. Alimentação bem balanceada, exercícios físicos balanceados — sem excessos —, vigilância sobre a postura do corpo, hábitos sadios, tudo isso é essencial para a saúde. Recentemente o dr. Cooper — inventor do método que leva seu nome — declarou haver errado ao receitar aos seus pacientes que corressem determinada distância todos os dias, por haver descoberto que esse exercício pode levar a sérias lesões musculares e ao aparecimento precoce da osteoporose. Diz ele ser preferível que se façam longas caminhadas, sem forçar a musculatura e o coração. Esse fato mostra a necessidade de sermos criteriosos ao escolher os tipos de exercício que devemos executar.

Mens sana in corpore sano[1]. Evitar vícios e envolvimento com drogas é fundamental para que se tenha um corpo sadio, regido por uma mente sã. Acordar todos os dias é como renascer. Durante o sono essa máquina fantástica que é seu corpo continua funcionando; seu coração bombeia o sangue para todo o corpo, seus pulmões filtram o ar que oxigena o cérebro — que comanda todos os órgãos — enquanto você

1. "Mente sã em corpo são", máxima de Juvenal (*Sátiras*, 356). "O homem sábio — diz o poeta — só pede aos céus a saúde da alma com a saúde do corpo. Aplica-se essa máxima, desviando-se do seu sentido original, para exprimir que a saúde do corpo é condição importante para a saúde do espírito." (*Pequeno Dicionário Enciclopédico Koogan Larousse*. Rio de Janeiro, Ed. Larousse do Brasil, 1980.) (N. da A.)

sonha. Ao acordar você está refeito; isso é renascer! Transforme seu dia numa festa! É o que fazemos quando nasce um novo ser.

Cuide-se, exatamente como se fosse a uma festa; vista-se prazerosamente, fique bonita(o), goste do que você vê refletido no espelho.

Posicionamento sobre o Departamento Físico

Questione-se como você se sente fisicamente:

Meu peso, hoje, é de ____________quilos.

O peso ideal, para mim, deve ser:__________quilos.

Fiz meu último *check-up* em_________ (data aproximada).

O próximo deverá ser em ______________ (data que preferencialmente não deve ultrapassar 6 meses para quem tem mais de 40 anos e 12 meses para quem tem menos de 40).

Dedico, diariamente, ______ minutos por dia para cuidar de meu corpo; para meu maior prazer, devo dedicar ______ minutos.

Cuido de minha pele usando os seguintes produtos:

____

Posso melhorá-la ainda mais se:

____

Para melhor emoldurar meu rosto, posso fazer o seguinte com meus cabelos: pintar, deixá-los crescer, encrespar, alisar, descolorir, deixá-los como estão, mudar o penteado. Outros:

____

Com relação a barba e bigode:

____

Alimentação — Hábitos a conservar:

____

____

A eliminar:

____

____

Exercícios físicos que pratico:

____

Posso melhorar mais, praticando:

____

Durmo ______horas por dia; se fizer relaxamento e der os comandos corretos à minha mente, poderei dormir repousadamente por ______horas.

Para alcançar melhor relaxamento, faça a seguinte afirmação criativa: "Ter um corpo sadio demanda cuidados especiais. Para que isso ocorra, é fundamental que cada parte dele esteja distendida, relaxada, e minha respiração seja lenta, profunda e compassada. A melhor forma de alcançar esse estado é fazendo relaxamento todos os dias". (A seguir, faça os exercícios de relaxamento da tabela à parte. Procure fazê-lo todos os dias, ao levantar-se, ou à noite, ao deitar-se.)

A medicina holística[1] recomenda: "Entre em contato mentalmente, pelo menos uma vez por dia, com cada órgão do corpo (coração, estômago, fígado, intestinos, pulmões, genitais etc.). Permita que o seu computador central (o cérebro) fale com cada um deles, concentradamente, para que se mantenham em funcionamento normal, ou que voltem à normalidade, quando for o caso".

Departamento Mental

Sabe-se que comportamentos inadequados no Departamento Físico trazem danos ao Departamento Mental (qual-

1. "Holismo", do grego *holos*, que significa "inteiro, completo". Representa a tendência, que se supõe seja própria do Universo, a sintetizar unidades em totalidades organizadas *(Novo Dicionário Aurélio da Língua Portuguesa)*. Em filosofia representa "em conjunto harmonicamente, comum a todos". (N. da A.)

quer um que faça uso de drogas alucinógenas sabe disso). Se as engrenagens desse setor não estiverem muito bem ajustadas, todo o sistema estará sujeito a desgastes e mau funcionamento.

Todas as áreas que compõem a Roda da Vida são importantes, mas esta tem uma importância particular: a de ser aquela que faz a ligação entre o corpo físico e o espiritual. Todas as idéias, pensamentos — e suas materializações —, vêm de algo maior, passam pela mente e são acionados pelo cérebro, onde são armazenados. Quando temos problemas demais, preocupações em excesso, nosso cérebro fica congestionado, não sobrando espaço para que sejam registradas idéias de soluções.

Então ficamos dando voltas, trabalhando apenas com os registros que já temos e que não trazem soluções. Em seu livro *Leis Dinâmicas da Prosperidade*, Catherine Ponder dá uma idéia de como resolver essa situação. Diz ela: "Precisamos ter consciência de nossa escala de valores e abrir vácuos para poder verdadeiramente criar espaços para as coisas que são importantes".

A forma como isso deve ser feito é de uma simplicidade espantosa. Tire de sua mente o que está atrapalhando, aqueles problemas para os quais você não encontra solução; ao deixar de pensar neles, você cria um vácuo no lugar. Nesse espaço coloque novas possibilidades de solução. Por exemplo: se você se encontra numa situação em que não sabe que atitude tomar, jogue fora suas ponderações e preocupações com aquilo, deixe formar um vazio em sua mente e permita que novas idéias ocupem aquele lugar. Uma mente povoada por idéias velhas, sem poder dinâmico de evolução, está com seus espaços obstruídos. Substitua o conteúdo desses espaços por idéias novas. Daí poderá surgir a solução para um problema aparentemente insolúvel. Jogue fora o que é velho, mofado, e ponha algo novo no lugar. Seu casamento está "embolorado"? Jogue fora esse casamento. Isso significa separação, divórcio? Não necessariamente. Jogue fora *aquele* casamento velho. Posicione-se perante seu cônjuge, mostre-lhe como as engrenagens estão enferrujadas, como não há mais condição de continuar daquela maneira, e procure — junto com ele(a) — alternativas novas, novos rumos, novos horizontes, que possam remover o "mofo" jacente. Qualquer que seja a solução encontrada, tenha coragem de assumir a posição que tomou. Só não permita que as engrenagens enferrujadas "emperrem" seu casamento. O exemplo citado refere-se a casamento, mas pode ser transferido para qualquer outra área de sua vida. Experimente.

Posicionamento sobre o Departamento Mental

Preciso eliminar um trauma em relação a______________ ____________________________, o que me tornará mais forte.

Percebo que me libertar da fobia __________________, que me atrapalha, me fará crescer.

Ficarei mais leve, libertando-me do ódio ou da raiva em relação a ______________________________________

Inveja é um sentimento que diminui o ser humano; não preciso mais sentir inveja de ___________________________, pois posso realizar o que quiser, basta utilizar as ferramentas que conhecerei até o final deste livro. Todo líder deve manter-se livre dessa pequenez.

A mágoa também precisa ser eliminada para conseguir perceber realmente o que as pessoas têm de melhor; apagando as mágoas em relação a ________________________ tenho certeza de que desenvolverei uma liderança mais leve.

Se mantiver minha cabeça calma diante de ___________

____

minha liderança será mais eficaz.

Precisar mostrar poder na maioria das vezes deturpa a imagem do líder que tenho em minha mente; já me peguei

impondo autoridade com ______________________________,
e nas seguintes circunstâncias: _______________________

____
vou começar as mudanças já.

Percebi que as fraquezas que preciso combater são:

____

Existem hábitos (ou vícios) que, eliminados, tornar-me-ão mais eficiente: ___________________________________

Percebo que preciso treinar _________________________
para ter domínio maior em ___________________________

Departamento de Dinamização (Tesão)

Aproxime-se de uma pessoa que tenha planejado recostar-se na poltrona, com a intenção de ler um livro, e convide-a para sair. Talvez ela aceite o convite, por respeito a você, ou por apreciar sua companhia. É possível que, no decorrer do passeio, ela se envolva com o entretenimento que você lhe estiver proporcionando e acabe sentindo-se feliz por haver saído com você. Contudo, no instante em que o convite foi feito, ela não se sentia nem um pouco entusiasmada para sair. Em contrapartida, convide uma criança sadia para ir ao PlayCenter, e verá estampados em seu rosto e irradiando-se por todo seu corpo a alegria e o entusiasmo gerados pelo convite, não importando em que momento você lhe faça o convite; ela estará sempre pronta e carregada de energia para acompanhar você.

Essa energia — que vem lá de dentro, impossível de ser contida ou disfarçada — é o produto gerado por este departamento. Há uma palavra que define bem essa explosão de energia: Tesão.

O idioma espanhol empresta — por excelência — grande força a esse vocábulo. Fazer algo *"con tesón"* significa fazer com determinação, com resolução, decisão.

Tudo isso envolto em muita alegria, muito prazer. (Essa é uma palavra tão impregnada de energia que — ainda que de modo chulo — o povo adotou-a como a forma ideal e equilibrada de denominar sucintamente o desejo sexual exacerbado, chamando-o de "tesão".)

É sobre o aproveitamento bem direcionado dessa força irresistível que quero falar, em relação a esse departamento.

Para que se leve mais facilmente a bom termo o que se quer realizar, é importante estar "arrepiando" de vontade por aquilo; é preciso estar disposto a pôr abaixo qualquer obstáculo que se interpuser à meta determinada por nós. Ao comprometermo-nos com essa força, nada será capaz de nos deter. Os que não se sentem impregnados por esse impulso realizador costumam ser chamados de "filhos concebidos entre o sono e a vigília". O produto desse departamento é tão poderoso que exerce influência sobre todos os demais departamentos.

Ao coordenar as idéias para transmitir o conhecimento adquirido e expresso neste livro, de forma metódica e compreensível para mim e para meus leitores, estou sendo veículo para se criarem condições nas quais cada um adquira as ferramentas vitais para a formação de um mundo bem melhor; com isso me sinto mais feliz e saudável. Dessa forma está sendo colocado em ação o meu Departamento Mental.

Quanto mais pesquiso e estudo os elementos a ser aqui colocados, mais admiro e respeito a Força Maior, por me estar dando condições de ampliar meu conhecimento e alargar meu campo de trabalho nos Departamentos Profissional e Intelectual.

No Departamento Financeiro, vislumbro a possibilidade de novas fontes de renda e novos horizontes dentro do mercado de trabalho.

A convicção de poder ser útil ao contribuir para que as pessoas possam ter melhor qualidade de vida e, como resposta, sentir o respeito e a admiração daqueles que me cercam levam-me a acionar, com tesão, meu Departamento Social.

Ao incorporar, colocar em palavras neste livro e, portanto, acionar cada nova técnica aprendida, amplio minha visão sobre minha família e todos aqueles que me cercam; sinto-me mais próxima daqueles que colaboraram comigo nesta obra, passando a conhecê-los melhor e admirando-os mais, por me saber, em contrapartida, também mais admirada por eles, o que me leva a uma compreensão holística sobre o caráter de cada um deles. Ao compreender que posso ser um instrumento de união, compreensão e crescimento de outros seres humanos, sinto que estou pondo em ação meus Departamentos Familiar e Espiritual.

Quando coloco ação em todos os departamentos, com determinação e propósito preestabelecido, sinto maior disposição física; o cansaço é menor, a recomposição é mais rápida, e é com satisfação que vejo surgir o fruto deste trabalho; então sei que estou acionando ativamente meu Departamento Físico.

É fácil notar a importância e o poder desse departamento e como ele aciona — numa ação em cadeia — todos os demais, quando é posto em movimento com a pujança que deve ter.

Posicionamento sobre o Departamento de Dinamização

Relacione com o que e quando em sua vida você se viu envolvido por algo muito forte, que conseguia fazer com que levantasse mais cedo; esquecesse até de comer; mesmo dormindo um número menor de horas, acordasse rápido ao pensar que algo ou alguém, à sua volta, lhe provocava "arrepios".

O quê? Quando?

Hoje existe um projeto, algo ou alguém que lhe provoque o que relacionamos acima, e que de alguma forma envolve os demais departamentos? Especifique:

Departamento Espiritual

Este departamento trabalha diretamente sincronizado com o Departamento Mental. Todas as idéias, pensamentos, sensações e desejos relativos à religiosidade são assimilados pelo Departamento Mental, da forma como chegam do Departamento Espiritual. Os sentimentos de fé, de esperança e caridade brotam nesta área, desenvolvem-se nela e são entregues, já amadurecidos, ao setor Mental, que os arquiva no cérebro. Inúmeras são as informações recebidas dessa forma. O cérebro as processa e arquiva; se elas deixam de ser requisitadas com certa assiduidade, para consulta, vão ficando "empoeiradas" e acabam por deteriorar-se, sendo levadas para o "arquivo morto", onde — embora continuem ali — ficarão perdidas para sempre. Como evitar isso? Fazendo reciclagem periódica. Reexamine suas fichas e atualize o histórico de cada uma delas; verifique as que já foram solucionadas, reveja as que ainda não têm o carimbo "resolvido", traga o assunto para o tempo presente e trabalhe sobre elas, em busca de soluções, até resolver[1] aquela questão. Essa é a função da reciclagem nesta área.

Cada vez que revive uma situação, você aprende algo mais. A pergunta é: você registra o que aprendeu, pondo em prática o que é positivo e riscando de seus hábitos o que reconhece como negativo?

Toda a vez que reformula uma atitude, eliminando os erros, eles vão se tornando mais raros, até desaparecerem. Esse é o procedimento acertado para a conquista de si próprio.

> Na conquista do espaço interior, a angústia e a esperança andam juntas e se completam. A angústia alimenta a esperança, e esta gera a busca. No decorrer da busca, a angústia vai enfraquecendo, na medida em que cresce a esperança, ao ser vislumbrado o objetivo. Esse trabalho leva à realização, o que faz desvanecer a angústia, e coloca a esperança em hibernação. Quando esse círculo não é fechado, aparece a dúvida, que faz renascer a angústia, que, por sua vez, vai alimentar a esperança. Então recomeça o ciclo. Ir além da dúvida é uma conquista constante. Quem não duvida, também não chega à certeza[2].

Quem viu o filme *Don Juan de Marco* deve estar lembrado da convicção inabalável que aquele jovem tinha do mundo que havia escolhido para si. Sua certeza era tão grande — na busca do seu ideal — que abalou a estrutura do psiquiatra que o atendia profissionalmente, levando-o a jogar para o alto seus rígidos padrões — em todas as áreas da vida — para ir viver seus dias ao sol ardente e ao vento morno de uma praia tranqüila.

Um dia, em conversa com o psiquiatra, ele pergunta: "Será que um Stradivarius sente o mesmo que o violinista que con-

---

1. "Re-solver", diluir; resolver uma questão é diluir, desmanchar o problema que a envolvia. (N. da A.)
2. Baseado em conceito colocado por Dom Paulo Evaristo Arns, em entrevista concedida à televisão. (N. da A.)

segue tirar a nota perfeita de seu coração?". E, mais adiante: "Nunca tiro minha máscara em público. Já pensou nas conseqüências? Como você se sentiria se eu tirasse a sua máscara?". E, ainda: "Sem fogo não há calor; sem calor não há vida. Essa é a fórmula. Será que devo me aposentar da vida?".

Deixo a cada um as conclusões sobre esses conceitos. Permita-se envolver por essas colocações e indague a si próprio qual o sentido que elas têm para você.

Não importa qual o seu credo. O fundamental é criar uma escala de valores e agir com coerência dentro dela. Agradeça sempre, perdoe, para manter a alma leve. Em seu livro *O Maior Milagre do Mundo*, no trecho intitulado "O memorando de Deus", Og Mandino revela os cinco segredos que nos levam a refletir sobre nossa grandiosidade, por sermos "o maior milagre do mundo":

1 — Você é rico, uma máquina perfeita; tudo em você funciona, dormindo ou acordado, em plena ação. Pense: qual o homem carente de saúde que não trocaria seu reino pela condição de voltar a ser sadio e jovial?

2 — Quando alguém pedir-lhe que o acompanhe por uma milha, acompanhe-o por duas milhas. Faça sempre algo mais do que esperam de você. Tenha certeza de que tudo o que fizer a mais retornará com juros e correção monetária. De cada acontecimento, um ensinamento será retirado e acrescido de novos recursos e ferramentas para a construção de um mundo melhor: o seu mundo.

3 — Você é um tesouro sem preço; em todo o planeta nunca existiu nem existirá alguém exatamente igual a você.

4 — Deus lhe deu o maior poder: o poder de escolha. Você é livre para escolher: amar ou odiar; construir ou destruir; fazer o bem ou o mal; viver, ou morrer, na crença verdadeira de que os sentimentos pequenos, como egoísmo, inveja, orgulho ou arrogância, não levam a crescimento positivo.

5 — Faça todas as coisas com amor; por você, pelas pessoas, pela natureza e pelo Deus que o fez fantasticamente

perfeito, com a condição de se refazer todos os dias como ser humano.

Assim como nas demais, esta é uma área na qual você precisa sempre buscar muita harmonia. A certeza de estar bem neste setor traz autoconfiança bastante para a projeção de uma auto-imagem vibrante e sadia.

Em seu livro, Catherine Ponder recomenda: "Antes de pedir alguma coisa, dê algo a alguém", e cita — entre outros — um caso do qual foi protagonista:

> Uma mulher que havia enviuvado recentemente, mãe de quatro filhos, desesperada, apelou aos préstimos dela, alegando não ter mais comida em casa. Em resposta, Catherine Ponder disse-lhe: "Não vou lhe dar nada, além de um conselho. Dê alguma coisa a alguém". A mulher esperava ouvir qualquer coisa, menos aquilo, vindo daquela que era pastora em sua igreja, portanto, sua guia espiritual. Aturdida, ela pensou: "O que posso dar, se não tenho nada, nem o que comer?!". Olhou para fora e viu que brotavam muitas flores no jardim. Irônica, disse a si mesma: "Não tenho o que comer, mas tenho flores... Só se eu der flores! Flores? Por que não?". Armou-se de um punhado delas, preparou um buquê e levou a um vizinho que convalescia de uma cirurgia. Emocionado, o vizinho agradeceu; ao voltar para casa, ela sentiu-se mais leve, quase contente pelo gesto que praticara. Já não se sentia tão desesperada. Não havia passado uma hora quando a campainha tocou. Era um homem que ela nunca vira antes. Após apresentar-se, ele falou que estava ali para saldar uma dívida contraída havia dois anos com o marido dela, e que só agora estava em condições de resgatar. "Aqui estão os trinta dólares que seu marido me emprestou", disse-lhe o desconhecido.
>
> Aquela quantia trouxe-lhe tranqüilidade e paz de espírito para passar os próximos dias, até que ela pudesse encontrar uma solução para seus problemas.

Será que não havia um ensinamento a ser aprendido por detrás disso tudo? Será que alguém, lá em cima, não queria que essa mulher aprendesse alguma coisa?

Pense nisso: cada vez que você estiver diante de uma grande dificuldade, pode ser que algo grande lhe esteja sendo mostrado. A melhor atitude, na expectativa de receber uma solução, é dar algo a alguém. Ao fazer isso, você cria — na mente — um vazio para que caiba, ali, uma possível solução. Antes de pedir algo, dê alguma coisa, por simples que seja: você cresce com isso, e reconhece o valor que realmente tem.

Posicionamento sobre o Departamento Espiritual

Você tem conversas constantes com o seu Deus?

____

Você agradece diariamente por sua inteligência e capacidade de crescimento?

____

Quando se depara com uma situação difícil, em que se sente lesado, num primeiro momento você:

Acha que Deus foi injusto com você, reclama e lastima ou procura entender o que está nas entrelinhas dessa situação, decifra e incorpora um aprendizado que o faz crescer?

____

Relacione alguns momentos difíceis dos quais tenha tirado ensinamentos importantes e que, num segundo momento, tenham colaborado para que você subisse alguns degraus em seu próprio conceito:

Acontecimento:

____

____

____

Aprendizado:

____

____

____

Antes de pedir algo a Ele ou a alguém, você procura dar antes:

____

Departamento Familiar

Certa vez fui procurada por um empresário que se dizia injustiçado por Deus. Após muitos anos de casado, sua esposa estava lhe pedindo o divórcio. Sua indignação não tinha limites, ao perguntar-me como uma pessoa com conduta como a sua podia ser abandonada dessa forma pela família; era honesto, trabalhava dezoito horas por dia e, ao final do mês, entregava à esposa todo o dinheiro que ganhava, para ela fazer o que achasse mais adequado. Seus filhos estudavam na melhor escola, tinham carro do ano, casa com fartura e tudo o que precisavam. Angustiado, perguntava-me se eu achava que aquilo era justo.

Respondi-lhe que cada ser humano assemelha-se a um açude, onde é represada a água para a manutenção da vida de uma região. Se esse açude receber água em demasia, transbordará e causará a morte de tudo o que estiver à sua volta; entretanto, se não for suprido do líquido, só distribuindo água, acabará por secar e também matará tudo o que o cerca. O mesmo ocorre no aconchego da família; o sentido de amor e proteção é fundamental para o ser humano se solidificar. O líder, como todo ser humano, precisa dar e receber: amor, carinho, atenção e lazer. Deve delegar funções, sempre ressaltando a importância de cada um e respeitando seus limites, da mesma forma que precisa ser paciente com o aprendizado e o tempo que cada um precisa para assimilar e realizar o que se espera dele.

Em família, cada pessoa exerce vários papéis: pai, mãe, filho, genro, nora, tio, neto, cunhado, sogro, avô etc. É importante saber como cada um está atuando em cada papel;

nenhum deles deve ser ignorado. Quando a família se compromete com suas metas, rumo a uma mesma missão, todos ficam mais fortes e tudo é fácil. Cabe ao líder unificar a linguagem e promover a união de forças, não apenas com o óbvio ou com o que chamamos "bom senso". O significado das palavras e das ações difere de pessoa para pessoa. O modelo de mundo de cada um é diferente. Apesar de conviverem dividindo espaço — dentro de um mesmo tempo —, é bom lembrar que uma mesma palavra, com a mesma tonalidade de voz, pode provocar rancor em um filho, enquanto em outro pode soar como um gesto de carinho. O líder precisa ter o cuidado de saber identificar como, quando, o que dizer e o que fazer com cada pessoa.

Um amigo meu contou-me a seguinte história:

> Teve ele, certa vez, um encontro fortuito com uma linda e jovem mulher casada, a quem não conhecia. Ao fim de algum tempo de conversa ela já havia lhe contado quase toda sua vida. Tinha ouvido confidências de várias pessoas — inclusive de mulheres —, algumas bem íntimas, mas nunca com a velocidade e o sentido de urgência com que aquela jovem senhora contava sobre suas dificuldades no relacionamento com o marido. Dizia ela que o ato — que deveria ser de amor — só era praticado em total escuridão, nunca em completa nudez, e não lhe era permitido emitir nenhum ruído durante a conexão amorosa. Após contar várias outras situações tormentosas, tanto na cama quanto no convívio familiar-social, em que era severamente observada pelo marido e constantemente repreendida, em qualquer lugar que estivesse, ela lhe disse que, um dia, ao dar expansão a um gesto de carinho, beijou-lhe a palma da mão. A resposta veio em forma de um violento bofetão seguido da observação, em tom de censura, de que aquela era uma atitude condizente apenas com mulheres desavergonhadas, e que aquilo não deveria se repetir. A partir daquele momento ela recolheu para o mais íntimo de si mesma qualquer sentimento de carinho e amor por aquele homem. Contudo, sentia grande necessidade de entregar

esse afeto — que já não cabia dentro dela — para alguém que fosse capaz de compreendê-la e retribuir-lhe o gesto. Insistiu em que se tornassem a ver e, na próxima vez em que se encontraram, ofereceu-se espontaneamente, insistindo para que fossem a um motel. Ele nunca vira ninguém tão carente e necessitada de dar e receber amor como aquela mulher.

A tendência natural, num caso como esse, seria de condenar-se acerbamente a atitude do marido; contudo, antes de atirar a primeira pedra, seria conveniente fazer um estudo das razões que levaram aquele homem a agir daquela forma. Por certo, a melhor solução seria recomendar a ambos que procurassem uma clínica psiquiátrica onde aprendessem a se conhecer melhor e a respeitar-se mutuamente.

É sempre útil lembrar que os pais são o primeiro modelo de conduta que os filhos têm ao nascer. Um pai ausente impede que a criança tenha em quem se espelhar; na falta dele, ela vai buscar referenciais em outros adultos. Esses referenciais podem até ser positivos, mas nem sempre estão em harmonia com o *modus vivendi* daquela família, e isso pode gerar atritos, desentendimentos constantes ou afastamento do jovem do seio da família, por julgar-se incompreendido.

Mesmo quando não está ausente fisicamente, o pai está sujeito a desagradáveis surpresas, se não estiver constantemente atuante; se não for amigo e confidente dos filhos pode, por exemplo, vir a descobrir que seu filho tornou-se dependente de drogas, bem debaixo de seu nariz. Aí vem o pânico: "O meu filho? Como?! Ele sempre me respeitou. Sempre dei a ele tudo o que precisava! Não o meu filho! Isso é impossível!!!".

É possível, sim. A arrogância, a vaidade, a prepotência de quem se sente dono do destino daquele jovem sinalizam, de repente, que tudo fora uma farsa. Que, na realidade, exercera uma liderança de polichinelo junto ao filho, e isso o deixa desorientado, arrasado.

Neste caso a verdade mais dura de ser aceita é a de que ele fora enganado o tempo todo; não havendo humildade para aceitar sua falha, ele não tem coragem de pedir "uma luz" para aquela situação fora de rotina, que lhe foge ao controle.

É fundamental trabalharmos — no Departamento Familiar — em uníssono com todos os demais departamentos, em total harmonia com eles, para que a Roda da Vida avance suavemente, sem trepidações ou solavancos.

Posicionamento sobre o Departamento Familiar

Você dedica um tempo do seu dia ou semana para estar junto de seus familiares?

____

A quem, mais especificamente?

____

Você se interessa de fato por aquilo que cada um esteja fazendo? Pense em cada membro de sua família (os mais próximos) e relacione quem, o que é mais importante para ele e o que você faz ou de que forma você poderá contribuir para que ele consiga o que quer:

Quem?

____

____

____

Importante?

____

____

____

Faço?

____

____

____

Procuro verificar a forma de ser de cada um de meus familiares e posso resumir cada um da seguinte forma:

___

___

___

Procuro dizer a cada um o que penso sobre eles. De que forma?

___

___

___

Posso melhorar essa forma de comunicar minhas idéias sem provocar atritos? Como?

___

___

Departamento Profissional

Há uma canção popular, cantada por Gonzaguinha, que diz: "O homem sem o seu trabalho não tem honra ...".

Um terço de nossa vida é dedicado ao trabalho. Este é o departamento que mais tempo consome do ser humano. Precisamos ser bastante exigentes neste setor porque é nele que vamos buscar o dinheiro que ganhamos para nossa sobrevivência e a de nossa família, bem como nossos prazeres, nossos tempos de lazer. Para isso devemos ter a tranqüilidade de saber que podemos produzir sem perdas; a certeza de fazer parte de um grupo coeso, em que há colaboração, união de forças; em que todos sabem que podem contar com todos, em que todos podem gostar e ser queridos pelas pessoas que compõem o ambiente comum de trabalho. Em que se tem chance de destacar-se e ser reconhecido; de aceitar desafios e ter a satisfação de superá-los.

O mundo paga altos dividendos àquele que sabe onde, como, quando e o que (em quantidade e qualidade) investir no mercado da vida. É importante saber o máximo possível de tudo o que acontece no setor profissional desse mercado, o que há de melhor nele e como chegar lá; como buscar parâmetros para determinar o rumo a ser seguido.

Napoleon Hill conta, em seu livro *A Lei do Triunfo*, como durante a crise de 1928/29, que levou a Bolsa de Valores nos EUA a quebrar, alguns grandes industriais conseguiram sair-se bem desse desastre. Homens do porte de Henry Ford, Thomas Alva Edison, Harvey S. Firestone, entre outros, costumavam reunir-se no campo, todos os anos, para descansar e fazer meditação. Tinham por hábito trocar idéias entre si, sobre o porquê de certas pessoas sobrepujarem as dificuldades enquanto outras sucumbiam com mais facilidade (chegando, algumas delas, ao suicídio). Descobriram que a autodeterminação, mais o estabelecimento de metas, a troca de idéias sobre o rumo que as coisas poderiam tomar e quais as providências cabíveis para evitar que fossem vítimas delas, permitiam-lhes fugir dos fracassos e não ser engolidos pela goela insaciável das falências. A essa forma de pensar e agir deram o nome de *Master Mind*.

Segundo Hill, nenhum deles nascera em berço de ouro, tendo, todos eles, começado a vida comercial e profissional sem capital; como fruto de sua forma de ser e de agir, acabaram por se tornar ricos e poderosos, vindo a criar o grupo que os levou a uma fusão de espírito, que é a fonte real de todo o poder.

Posicionamento sobre o Departamento Profissional

Tenho procurado fazer cursos, participar de seminários e palestras ou ler livros sobre o segmento em que atuo, e os três últimos foram:

____

____

____

Percebo que os meus pontos fortes no trabalho são:

____

____

____

Posso melhorá-los, ainda mais, da seguinte forma:

____

____

____

Os pontos fracos com relação ao trabalho são:

____

____

____

O que estava me impedindo de reverter a situação era:

____

____

____

Entretanto, posso montar a seguinte estratégia para conseguir chegar aonde quero:

____

____

____

Posso pedir colaboração para (entidade e pessoas):

____

____

____

Departamento Social

Poucas coisas dão maior prazer que descobrir o mundo maravilhoso que pode estar contido em outro ser. "Amigo é coisa pra se guardar do lado esquerdo do peito", diz a canção. Não há maior tesouro que um amigo. Esse privilégio é dado a todos nós, mas nem sempre sabemos cultivá-lo.

Uma das "Leis do Triunfo", colocada por Napoleon Hill, dá conta de que: "Ser bem-sucedido no mundo nem sempre é questão apenas de esforço pessoal. É engano acreditar que alguém possa vencer sempre, sem a colaboração de outros. Antes de ter o direito de pedir alguma coisa, é preciso demonstrar disposição para cooperar, de maneira hábil e inteligente", afirma Hill.

Há uma história — no estilo "era uma vez" — que mostra com clareza o que é ser amigo.

Em época longínqua havia um reino que era governado por um rei bom e justo. Sua bondade permitia que ele fosse justo, e a justiça que ele usava, ao reinar, fazia dele um homem rude, mas bom. Certo dia um jovem foi preso sob a acusação de haver praticado um crime; embora ele jurasse inocência, não havia sido apresentada prova de que isso fosse verdade; por isso estava trancafiado na prisão; mas ele tinha um amigo. Ao tomar ciência da situação, seu amigo largou tudo e foi vê-lo na prisão. Impedido pelos guardas de aproximar-se dele, tudo o que pôde ouvir do outro foi que era inocente. Vencendo todas as dificuldades burocráticas, conseguiu chegar à presença do rei, a quem afirmou que seu amigo não era culpado da acusação que lhe fora imputada. A defesa que fez do amigo, dizendo do homem bom que era, pessoa de caráter, que nunca havia praticado nenhum delito, foi tão comovente que impressionou o rei, a tal ponto que, instado pelo outro, resolveu ir até a prisão conversar com o rapaz. Analisou longamente o prisioneiro — cujas feições eram de um homem bom —, chegou a simpatizar com ele, mas afirmou: — Os indícios de que você é culpado são muito fortes! Nada posso fazer por você, a menos que me seja provado que você é inocente. Sinto muito!

Cônscio de sua inculpabilidade, o jovem afirmou possuir uma prova de sua inocência, prova essa que estava em poder de alguém muito longe dali, e que só entregaria ao próprio acusado. — Pedi ao chefe da guarda — disse ele — que me permitisse ir, escoltado, até essa pessoa, e ele respondeu que não podia dispor de nenhum soldado para me acompanhar.

Ao ouvir essa afirmação, o amigo disse ao rei: — Majestade, deixe-me ficar no lugar dele, enquanto ele vai em busca desse documento.

Homem vivido, o rei respondeu: — Meu jovem! A execução da sentença vai acontecer dentro de dois dias. Você acredita que, ao ver-se longe das grades, ele vai pensar em voltar à prisão? Qualquer um, no lugar dele, só pensaria em se distanciar o máximo possível daqui, sem nem pensar em prova alguma; então, eu teria de executar você. Não seja tolo! Não assuma riscos diante de situações sobre as quais você não tem controle. Desista dessa idéia.

Com uma determinação que impressionou o monarca, o amigo retrucou: — Majestade, eu assumo esse risco! Se meu amigo disse que tem a prova e se compromete a trazê-la em sua defesa, eu sei que assim ele fará. Nós somos amigos!

— Meu tresloucado jovem — disse o rei. — Você percebe o que está dizendo? Não existe amizade que comporte esse risco!

— Existe, sim! A nossa compreende esse risco.

Estupefato, o rei rendeu-se à determinação obstinada do rapaz: — Está bem! A cabeça que vai rolar é a sua, caso ele não volte em dois dias. Se é assim que você quer...

Foi dado ao jovem um cavalo, e a recomendação de que ele deveria estar de volta ao meio-dia do dia posterior ao seguinte. O recém-liberto abraçou o amigo, agradeceu ao rei e saiu a galope. Incrédulo com o profundo significado que os dois davam ao sentido da amizade, o rei perguntou ao novo prisioneiro: — E se ele não voltar? Tranqüilo, com expressão de quem sabia o que estava fazendo, e por que estava fazendo aquilo, o jovem arrematou: — Eu sei que ele só não voltará se algo muito grave o impedir; caso contrário, ele estará aqui com a prova, conforme prometeu. Se ele não voltar, eu terei cumprido, até o fim, meu papel de amigo.

Naquela noite o rei não conseguiu dormir, torcendo para que o outro voltasse em tempo hábil com a prova de sua inocência. Não dormiu, perturbado também por verificar que existia alguém capaz de apostar a própria vida em nome da amizade.

No dia seguinte, logo cedo, o rei voltou à prisão e passou longo tempo a conversar com aquele rapaz destemido, a quem começava a querer bem. Na manhã do segundo dia, mal havia raiado o sol quando o monarca despachou-se, apreensivo, rumo à prisão. Ao constatar que o outro não voltara, pôsse a esfregar nervosamente as mãos. — E agora? — dizia ele ao amigo. — Você não fala nada?! Não reclama?! Não sente arrependimento do passo que deu? Será que não está nervoso? Veja! Faltam duas horas para a execução!

Na tranqüilidade de quem tinha certeza de estar fazendo o que achava justo, o outro respondeu: — Acalme-se, majestade. O prisioneiro sou eu, e sua sentença será cumprida, caso ele não volte; contudo, pela amizade que nos une, sei que ele voltará! — Você é louco, por certo! — finalizou o rei, que se pôs a andar de um lado para o outro, preocupado, sem tirar os olhos da estrada que conduzia ao calabouço.

Faltavam poucos minutos para que a sentença fosse cumprida; o rei suava, fungava e torcia as mãos, caminhando sem parar, como se o condenado fosse ele. Perplexo por mostrarse tão apreensivo por alguém que mal havia acabado de conhecer, e que nada tinha a ver com ele, o soberano se indagava em silêncio: *"O que está acontecendo comigo? Por que me sinto tão preocupado? É como se fosse eu que tivesse de subir ao cadafalso! Será que a amizade desses jovens é forte o bastante a ponto de abalar meus conceitos morais de justiça? Por que me sinto tão frágil neste momento?"*.

Nesse instante a sentinela bradou: "Andarilho à vista!". "Não deve ser ele. Ele partiu a cavalo!", exclamou o rei, mais para si mesmo que para o arauto, que continuava a anunciar: "Vem a passos lentos, andando com dificuldade, aos tropeções. Majestade, devo mandar alguém ajudá-lo?". "Sim! Depressa! O que você está fazendo aí, parado? Corra até ele!"

Rasgado, sujo, maltrapilho, quase sem conseguir mudar os passos, lá vinha o amigo, respirando com dificuldade. Chegou-se ao rei, mostrou-lhe a prova de sua inocência e desabou, sem forças. Com um ar de alívio no rosto, ao ter nas mãos a prova da inocência do rapaz, porém apreensivo com o estado físico do jovem, o monarca ordenou que o prisioneiro fosse solto e ambos fossem levados à sua presença, tão logo o recém-chegado tivesse sido atendido pelo médico da corte.

Mais tarde, ambos sentados ao lado do soberano, o rapaz explicou-lhe que fora assaltado na estrada, quando voltava, agredido pelos ladrões e deixado desacordado, à beira do caminho, durante horas, razão pela qual quase não conseguira chegar a tempo.

Felizes os três com o final daquela conturbada empreitada, o rei dirigiu-se aos dois amigos e lhes disse: — Fiquei seriamente impressionado com o novo conceito de amizade que ambos me fizeram ver. Jamais julguei que pudesse haver um sentido tão profundo e forte nesse tipo de conduta. Não tenho pejo em confessar que ambos me ensinaram uma lição. A confiança de um, ao predispor-se a morrer pelo outro, e a determinação do outro, arrostando tantas dificuldades para que o amigo não perecesse em seu lugar, levaram-me a tomar uma decisão: quero ser amigo de vocês. O que devo fazer para ser parte dessa amizade?.

— Muito bem, majestade! — disse um deles. — Agora que provei minha inocência, meu amigo e eu vamos voltar aos nossos afazeres. O senhor quer ser nosso amigo? Então largue tudo e venha conosco: seremos três amigos, em vez de dois, trabalhando e nos divertindo juntos. Que tal?

Constrangido, o rei replicou: — Mas... Eu não posso! Sou o rei! Não devo deixar o meu palácio para ir com vocês. Por favor, entendam! O que me pedem é impossível!

Sorrindo com naturalidade, o jovem que fizera a proposta ao soberano disse: — Meu amigo não titubeou um só instante em deixar tudo para ficar em meu lugar, e podia até morrer por mim, se eu não tivesse voltado. O senhor se nega a trocar bens materiais e posições sociais em nome da amizade que quer assumir. Sua forma de governar este reino é sábia; o povo o respeita e aplaude. O senhor é um bom rei, mas... ainda não está pronto para ser amigo.

Esse é o retrato mais bonito que já vi da descrição de uma amizade. Aquele que conseguir ser uma sombra do que são os dois amigos da história pode considerar-se bem equilibrado no Departamento Social.

Posicionamento sobre o Departamento Social

Você convida pessoas para irem a sua casa, independentemente de comemorações e datas, pelo simples prazer de estarem juntas? Relacione as três últimas:

____

____

____

Você recebe convites para festas e reuniões? Relacione as três últimas:

____

____

____

Por quais amigos poderia "dar sua camisa"?

____

____

____

Que amigos, tem certeza, "dariam a camisa" por você?

____

____

____

Você dedica algum tempo da sua vida (a alguém ou alguma entidade) para colaborar, pura e simplesmente?

____

____

____

Sinto que as pessoas confiam e acreditam em mim, de tal forma que, se necessário, me nomeariam seu defensor ou representante:

Quem?

____

____

____

Em que circunstância?

____

____

____

O que você poderia fazer para melhorar esse departamento?

____

____

____

Departamento Financeiro

"Dinheiro não traz felicidade", diz o adágio popular. Essa frase está incompleta. Ela deveria ser mais ou menos assim: "Dinheiro não traz felicidade: manda buscar". A idéia que tem sido incutida na cabeça de muitos de nós é de que o dinheiro é coisa suja. "Pegou em dinheiro? Vá lavar as mãos!"

Esse condicionamento imposto por nossos antepassados, e repetido sistematicamente à criança, através de gerações, cria um nódulo de energia negativa que leva o futuro adulto a somatizar a aversão por dinheiro. Cada vez que uma criança toca em algo sujo e — pelo método de experimentação que ela usa para aprender — leva a mão à boca, é obstada nesse gesto, pelos pais, com a recomendação de que não deve fazer aquilo, por ser prejudicial à saúde. Essa atitude — saudável — leva a criança a evitar contato manual — e, por decorrência, bucal — com coisas que possam infectá-la por bactérias ou vírus, que ela aprendeu serem prejudiciais à saúde. Em outras palavras, ela é condicionada a evitar contato com tudo o que é sujo. Pois bem: as cédulas, que representam o valor monetário do dinheiro, é que são sujas. Ao manipularmos cédulas, devemos evitar contato dos dedos com a boca e com os olhos; sempre que possível, é bom que lavemos as mãos, para evitar possível contágio, mas sujas são as cédulas — por serem manuseadas por muitas pessoas —, e não o dinheiro. Deve-se, portanto, ensinar à criança essa diferença, para evitar o condicionamento negativo que a leve a esquivar-se do contato com dinheiro. O correto será explicar-lhe que, quando manipular cédulas — que são sujas —, deve lavar as mãos em seguida, mas o dinheiro — como sistema monetário — não é sujo e não deve ser evitado.

Muitas pessoas sentem dificuldade em administrar esse departamento porque registraram erroneamente, no cérebro, o conceito de que "dinheiro é coisa suja". A mudança desse registro é o caminho mais curto para a prosperidade.

Qual deve ser, então, a atitude correta, ao falar à criança a respeito de dinheiro? Que tal falar com ela desta forma: "Meu filho, o dinheiro é indispensável para termos conforto e prosperidade. Porque muitas pessoas pegam nas cédulas sem lavar as mãos, elas ficam sujas; por isso você deve lavar as mãos cada vez que pegar nelas. Portanto, as cédulas, e não o dinheiro, é que são sujas. Dinheiro deve, sempre, ser bem-vindo. Ao pegar numa cédula, lave as mãos; ao apossar-se do dinheiro que ganhou, receba-o com prazer e agradeça às Forças Universais por tê-lo ganho, e peça a esse Poder Maior que lhe mostre o caminho e as maneiras de ganhar cada vez mais".

Ao agir assim, você estará derrubando falsas crenças e abrindo caminho para a fartura daquela criança.

Viver em país capitalista e querer acompanhar a evolução — inclusive a evolução tecnológica — ignorando, ou relegando, este departamento a segundo plano é incoerência.

Um bom começo para evitar isso é adquirir o hábito de separar 10% de todo o dinheiro que ganhar para o "Templo de Sua Alma" — que é você mesmo — e investir em algo duradouro, que não sofra nenhum tipo de desgaste ou desvalorização. A isso se chama, vulgarmente, "poupar".

Há que se considerar ainda que este departamento não está ligado unicamente ao Departamento Profissional. Na realidade ele está unido a todas as áreas de nossa vida. No ponto que compreende o setor espiritual, devemos ter em mente a palavra de Cristo, que recomenda darmos o dízimo. Esse procedimento compreende investir 10% de nós mesmos, em dinheiro, em palavras, em ações; enfim, em tudo o que julgarmos ser de utilidade àqueles que necessitam mais que nós. Como será mostrado adiante, pelo fato de que ninguém é capaz de viver em total independência, é mister sermos capazes de doar algo de nós antes de solicitarmos auxílio a alguém.

Acredite na prosperidade, invista nela, e ela chegará a você.

Posicionamento sobre o Departamento Financeiro

Sente intenso prazer na atividade ou profissão que abraçou?

O que mais lhe agrada?

Pode melhorar como?

O que menos lhe agrada?

O que poderá fazer para melhorar esse aspecto?

Você está recebendo, financeiramente, o equivalente ao esforço despendido?

____

O que poderá fazer para aumentar sua receita, dentro ou fora da área em que atua?

____

____

Para onde seu maior investimento está voltado (casa própria, carro, viagem etc.)?

____

____

Tem o hábito de separar uma porcentagem de todo dinheiro que ganha?

____

Como decidir com convicção e acertadamente sobre o caminho a seguir

Antes de dar o "pontapé" inicial em seu plano de metas, utilize esta ferramenta: *O método dos seis chapéus pensantes* (do livro *Six Thinking Hats*, de Edward de Bono).

O objetivo dos seis chapéus é ordenar o pensamento de tal modo que o pensador seja capaz de utilizar uma forma de pensamento de cada vez, em lugar de tentar usar todos ao mesmo tempo.

Esse método foi elaborado para capacitar a pessoa a passar do estilo argumentativo de pensamento para o estilo de mapeamento. Isso faz do pensamento um processo de dois estágios. O primeiro estágio é o mapeamento. O segundo é achar uma estrada no mapa. Se o mapa for bom, a melhor estrada será óbvia. Cada um dos chapéus sugere um tipo de pensamento no mapa.

O método dos seis chapéus não cobre todos os aspectos possíveis do pensamento, mas cobre os principais. Também não é para ser usado toda a vez que se utiliza o pensamento.

Pode ser utilizado tanto na definição do estabelecimento de metas, na defesa de argumentos diante de um produto, como em reuniões, tornando-as mais produtivas e menos desgastantes.

O maior valor dos chapéus é a sua artificialidade. Os chapéus propiciam formalidade e conveniência para que se peça um certo tipo de pensamento para si mesmo ou para outros. Eles estabelecem regras para o jogo do pensamento. Todos os que jogam esse jogo conhecem as regras. Quanto mais chapéus forem utilizados, mais eles se tornarão parte da cultura do pensamento. Todos, numa organização, podem aprender esse método, e isso é básico para que ele se torne parte da cultura da empresa. Em vez de se perder tempo argumentando ou fugindo da discussão, haverá um enfoque estimulante e disciplinado.

No começo as pessoas poderão sentir-se um pouco estranhas "em usar" chapéus diferentes, mas essa estranheza acaba assim que a convivência com o sistema fica patente. O primeiro uso dos chapéus poderá ser um pedido ocasional para usar um chapéu, ou mudar para outro.

A grande importância desse método é que atribui papéis ao pensamento. Um pensador pode orgulhar-se de atuar em cada um desses papéis. Sem a formalidade dos chapéus, alguns pensadores ficarão permanentemente fixos em uma forma de pensamento — normalmente a do chapéu negro.

O sistema é muito fácil de ser utilizado. Não é preciso nem lembrar as sutilezas de cada um dos chapéus; a essência de cada um deles é muito fácil de ser lembrada:

Chapéu Branco: é o branco da virgindade; lembra fatos puros, dados e informações.

Chapéu Vermelho: emoções e sentimentos, intuições e pressentimentos.

Chapéu Negro: é o advogado do Diabo. Julgamento negativo, porque não vai funcionar.

Chapéu Amarelo: sol, brilho e otimismo; pensamento positivo, construtivo; oportunidade.

Chapéu Verde: fertilidade, criatividade; plantas que nascem da semente, movimento, provocação.

Chapéu Azul: frieza e controle; "condutor de orquestra", pensar sobre o pensamento.

Numa organização, quanto mais se aprende esse idioma, mais útil ele se torna. A verdade é que não temos uma linguagem simples a título de sistema de controle para o pensamento.

Se sentirmos que somos inteligentes o bastante para passar sem esse sistema, que tal, então, considerar que esse sistema fará nossa inteligência ser ainda mais eficaz?

O pensamento do Chapéu Branco

Imagine o computador que lhe dá os fatos e dados que são solicitados. O computador é neutro e objetivo; não oferece interpretações ou opiniões. Quando utilizar o chapéu branco, o pensador deve imitar o computador. A pessoa que está pedindo informações deve utilizar perguntas bem focalizadas, para obter informações ou preencher lacunas nas informações.

Na prática, existem duas séries de sistema de informação. A primeira contém fatos checados e provados: são os fatos de primeira classe. A segunda série contém fatos que se acredita sejam verdadeiros, mas que não foram ainda totalmente comprovados: são os fatos de segunda classe.

Existe uma continuidade para veracidade que varia desde o sempre verdadeiro até o nunca verdadeiro, às vezes e ocasionalmente. Informações desse tipo podem fazer parte do chapéu branco, desde que seja utilizado o advérbio adequado para indicar o nível de veracidade.

O pensamento do chapéu branco significa disciplina e direção. O pensador esforça-se para ser neutro e objetivo na apresentação das informações.

Você pode ser solicitado a usar o chapéu branco ou solicitar a alguém que o faça. Pode também escolher colocá-lo ou retirá-lo. O branco (ausência de cores) indica neutralidade.

O pensamento do Chapéu Vermelho

Usar o chapéu vermelho permite ao pensador dizer: "É assim que eu me sinto a respeito desse assunto".

Esse chapéu legitima as emoções e os sentimentos, como parte importante do pensamento.

O chapéu vermelho torna os sentimentos visíveis. Eles podem fazer parte do pensamento e do sistema de valores que determina a estrada do mapa.

Propicia ainda um método conveniente para o pensador se ligar e desligar de seus pensamentos, de uma forma impossível sem o uso desse artifício.

Permite, também, ao pensador explorar os sentimentos de outros, solicitando sua visão do chapéu vermelho.

O chapéu vermelho cobre dois tipos de pensamento: primeiramente as emoções fortes, como medo e antipatia, até as mais sutis, como, por exemplo, a suspeita. Em segundo lugar, existem os julgamentos complexos que fazem parte desses sentimentos, tais como pressentimento, intuição, sensação, gosto, sensibilidade, estética e outros tipos de sentimento não facilmente justificáveis. Quando uma opinião inclui uma grande dose desse tipo de sentimento, ela também pode fazer parte do chapéu vermelho.

O pensamento do Chapéu Negro

Está especificamente preocupado com avaliações negativas. O pensador do chapéu negro aponta:

- Algo que está errado, incorreto ou tendencioso.
- Algo que não se ajusta a experiências anteriores ou ao conhecimento passado.
- A razão pela qual algo não vai funcionar.
- Riscos e perigos.
- Falhas nos projetos.

O pensamento do chapéu negro não é argumentativo e não deve ser visto como tal. É uma tentativa objetiva de colocar os elementos negativos no mapa. O pensamento do chapéu negro pode:

- Apontar erros nos procedimentos do pensamento e no próprio método.
- Julgar uma idéia com relação ao passado, para ver como ela se adapta ao que é conhecido.
- Projetar uma idéia no futuro e ver o que pode falhar ou dar errado.
- Fazer "perguntas negativas".

O pensamento do chapéu negro não deve ser utilizado para encobrir tendências ou sentimentos negativos; estes devem ser colocados durante o uso do chapéu vermelho.

As avaliações positivas são deixadas para o chapéu amarelo. No caso de novas idéias, o chapéu amarelo deve sempre ser utilizado antes do chapéu negro.

O pensamento do Chapéu Amarelo

Ele é sempre positivo e construtivo. A cor amarela simboliza o Sol, brilho e otimismo. Ocupa-se de avaliações positivas tanto quanto o chapéu negro se preocupa com avaliações negativas.

O chapéu amarelo cobre uma gama de pensamentos positivos que variam dos práticos e lógicos a sonhos, visões e esperanças.

O pensamento do chapéu amarelo investiga e explora validades e benefícios. Depois se esforça para encontrar suporte lógico para essas validades e benefícios. Há uma busca no sentido de levar adiante o otimismo.

O pensamento do chapéu amarelo é construtivo. É do chapéu amarelo que surgem propostas e sugestões concretas. Ele está ocupado com ação e em fazer as coisas acontecerem. Efetivamente, o chapéu amarelo é a alma do pensamento daquilo que é construtivo.

O pensamento do chapéu amarelo não está ocupado com mera euforia positiva (pertence ao chapéu vermelho) nem diretamente com a criação de novas idéias, que pertence ao chapéu verde.

O pensamento do Chapéu Verde

O chapéu verde é utilizado para pensamento criativo. A pessoa que coloca o chapéu verde vai utilizar o idioma do pensamento criativo. Os que estiverem junto serão solicitados a tratar esse *output* como produção criativa.

Preferencialmente, o pensador e seus ouvintes devem estar usando chapéus verdes. A cor verde simboliza fertilidade, crescimento e transformação das sementes. A busca de alternativas é um aspecto fundamental do pensamento do chapéu verde. Há necessidade de ir além do conhecido, do óbvio e do satisfatório. O pensador de chapéu verde pode parar em qualquer ponto da discussão para considerar se devem ser colocadas idéias alternativas. Não é necessário haver justificativa para as pausas. No pensamento do chapéu verde, o idioma do movimento substitui o do julgamento. O pensador procura ir além de uma idéia para obter uma nova idéia. A provocação ocupa uma parte importante do chapéu verde e é simbolizada pela palavra "PO". Uma provocação é utilizada para nos tirar dos padrões usuais de pensamento. Existem muitas maneiras de fazer provocações.

O pensamento do Chapéu Azul

O chapéu azul é o chapéu do controle. O pensador do chapéu azul organiza o próprio pensamento. O pensamento do chapéu azul é o pensamento sobre o pensamento, necessário para explorar um assunto.

O pensamento do chapéu azul age como um condutor de uma orquestra. Ele indica a necessidade de utilização de outros chapéus.

O pensador do chapéu azul define:

- Os assuntos para os quais o pensamento deve ser dirigido.
- O foco da situação.
- Os problemas e as formas de questionamento.
- As tarefas a serem realizadas.

O pensamento do chapéu azul é responsável pelos sumários, sínteses e conclusões, que podem acontecer algumas vezes durante as sessões de pensamento e no final delas.

O pensamento do chapéu azul monitora o pensamento e assegura que as regras do jogo estejam sendo cumpridas. Ele interrompe as discussões e insiste no pensamento mapeado. Encarrega-se da disciplina.

O pensamento do chapéu azul pode ser usado para interferências ocasionais que solicitem o uso de outros chapéus. Ele pode também estabelecer uma seqüência determinada de operações do pensamento, que deve ser seguida como a dança que segue uma coreografia.

Mesmo quando o papel do pensador, do chapéu azul, é atribuído a uma pessoa, é possível a qualquer dos participantes oferecer comentários e sugestões ligados ao controle da situação.

Plano de metas

Departamento Familiar

O que eu quero? (faça um *brainstorming*)

____

____

____

____

Urgente:

____

____

Importante:

____

____

Objetivo:

____

____

Meta a longo prazo:

____

____

Obstáculos:

____

____

Envolve mais alguém? Quem, o quê, e como negociar?

____

____

Estratégias:

____

____

Data de início: __/__/__ Data de finalização: __/__/__

Meta a médio prazo:

____

____

Obstáculos:

____

____

Envolve mais alguém? Quem, o quê, e como negociar?

____

____

Estratégias:

____

____

Data de início: __/__/__ Data de finalização: __/__/__

Meta a curto prazo:

____

____

____

Obstáculos:

____

____

Envolve mais alguém? Quem, o quê, e como negociar?

____

____

Estratégias:

____

____

Data de início: __/__/__ Data de finalização: __/__/__

Meta a curtíssimo prazo:

____

____

Obstáculos:

____

____

Envolve mais alguém? Quem, o quê, e como negociar?

____

____

Estratégias:

____

____

Data de início: __/__/__ Data de finalização: __/__/__

Recompensas (*Devo prosseguir em minhas metas*)

Use os seis chapéus antes de iniciar seu plano de ação:
Branco (dados) ______________________
Vermelho (emoção, prazeres) ______________________
Negro (contra) ______________________
Amarelo (otimismo) ______________________
Verde (oportunidade) ______________________
Azul (decisão) ______________________

Cristalização de metas

Afirmações positivas que me impulsionam para as metas:

____

____

____

O que eu quero? (faça um *brainstorming*)

____

____

____

____

Urgente:

____

____

Importante:

____

____

Objetivo:

____

____

Meta a longo prazo:

____

____

Obstáculos:

____

____

Envolve mais alguém? Quem, o quê, e como negociar?

____

____

Estratégias:

____

____

Data de início: __/__/__ Data de finalização: __/__/__

Meta a médio prazo:

Obstáculos:

Envolve mais alguém? Quem, o quê, e como negociar?

Estratégias:

Data de início: __/__/__ Data de finalização: __/__/__

Meta a curto prazo:

Obstáculos:

Envolve mais alguém? Quem, o quê, e como negociar?

Estratégias:

Data de início: __/__/__ Data de finalização: __/__/__

Meta a curtíssimo prazo:

____

____

Obstáculos:

____

____

Envolve mais alguém? Quem, o quê, e como negociar?

____

____

Estratégias:

____

____

Data de início: __/__/__ Data de finalização: __/__/__

Recompensas (*Devo prosseguir em minhas metas*)

Use os seis chapéus antes de iniciar seu plano de ação:
Branco (dados) ____________________
Vermelho (emoção, prazeres) ____________________
Negro (contra) ____________________
Amarelo (otimismo) ____________________
Verde (oportunidade) ____________________
Azul (decisão) ____________________

Cristalização de metas

Afirmações positivas que me impulsionam para as metas:

____

____

____

____

O que eu quero? (faça um *brainstorming*)

Urgente:

Importante:

Objetivo:

Meta a longo prazo:

Obstáculos:

Envolve mais alguém? Quem, o quê, e como negociar?

Estratégias:

Data de início: __/__/__ Data de finalização: __/__/__

Meta a médio prazo:

____

____

Obstáculos:

____

____

Envolve mais alguém? Quem, o quê, e como negociar?

____

____

Estratégias:

____

____

Data de início: __/__/__ Data de finalização: __/__/__

Meta a curto prazo:

____

____

____

Obstáculos:

____

____

Envolve mais alguém? Quem, o quê, e como negociar?

____

____

Estratégias:

____

____

Data de início: __/__/__ Data de finalização: __/__/__

Meta a curtíssimo prazo:

____

____

Obstáculos:

____

____

Envolve mais alguém? Quem, o quê, e como negociar?

____

____

Estratégias:

____

____

Data de início: __/__/__ Data de finalização: __/__/__

Recompensas (*Devo prosseguir em minhas metas*)

Use os seis chapéus antes de iniciar seu plano de ação:
Branco (dados) ____________________________
Vermelho (emoção, prazeres) ____________________
Negro (contra) ____________________________
Amarelo (otimismo) _________________________
Verde (oportunidade) ________________________
Azul (decisão) ____________________________

Cristalização de metas

Afirmações positivas que me impulsionam para as metas:

____

____

____

____

O que eu quero? (faça um *brainstorming*)

____

____

____

____

Urgente:

____

____

Importante:

____

____

Objetivo:

____

____

Meta a longo prazo:

____

____

Obstáculos:

____

____

Envolve mais alguém? Quem, o quê, e como negociar?

____

____

Estratégias:

____

____

Data de início: __/__/__ Data de finalização: __/__/__

Meta a médio prazo:

____

____

Obstáculos:

____

____

Envolve mais alguém? Quem, o quê, e como negociar?

____

____

Estratégias:

____

____

Data de início: __/__/__ Data de finalização: __/__/__

Meta a curto prazo:

____

____

____

Obstáculos:

____

____

Envolve mais alguém? Quem, o quê, e como negociar?

____

____

Estratégias:

____

____

Data de início: __/__/__ Data de finalização: __/__/__

Meta a curtíssimo prazo:

____

____

Obstáculos:

____

____

Envolve mais alguém? Quem, o quê, e como negociar?

____

____

Estratégias:

____

____

Data de início: __/__/__ Data de finalização: __/__/__

Recompensas (*Devo prosseguir em minhas metas*)

Use os seis chapéus antes de iniciar seu plano de ação:
Branco (dados) ____________________
Vermelho (emoção, prazeres) ____________________
Negro (contra) ____________________
Amarelo (otimismo) ____________________
Verde (oportunidade) ____________________
Azul (decisão) ____________________

Cristalização de metas

Afirmações positivas que me impulsionam para as metas:

____

____

____

____

O que eu quero? (faça um *brainstorming*)

____
____
____
____

Urgente:

____
____

Importante:

____
____

Objetivo:

____
____

Meta a longo prazo:

____
____

Obstáculos:

____
____

Envolve mais alguém? Quem, o quê, e como negociar?

____
____

Estratégias:

____
____

Data de início: __/__/__ Data de finalização: __/__/__

Meta a médio prazo:

Obstáculos:

Envolve mais alguém? Quem, o quê, e como negociar?

Estratégias:

Data de início: __/__/__ Data de finalização: __/__/__

Meta a curto prazo:

Obstáculos:

Envolve mais alguém? Quem, o quê, e como negociar?

Estratégias:

Data de início: __/__/__ Data de finalização: __/__/__

Meta a curtíssimo prazo:

___

___

Obstáculos:

___

___

Envolve mais alguém? Quem, o quê, e como negociar?

___

___

Estratégias:

___

___

Data de início: __/__/__ Data de finalização: __/__/__

Recompensas (*Devo prosseguir em minhas metas*)

Use os seis chapéus antes de iniciar seu plano de ação:
Branco (dados) ___
Vermelho (emoção, prazeres) ___
Negro (contra) ___
Amarelo (otimismo) ___
Verde (oportunidade) ___
Azul (decisão) ___

Cristalização de metas

Afirmações positivas que me impulsionam para as metas:

___

___

___

___

O que eu quero? (faça um *brainstorming*)

____

____

____

____

Urgente:

____

____

Importante:

____

____

Objetivo:

____

____

Meta a longo prazo:

____

____

Obstáculos:

____

____

Envolve mais alguém? Quem, o quê, e como negociar?

____

____

Estratégias:

____

____

Data de início: __/__/__ Data de finalização: __/__/__

Meta a médio prazo:

Obstáculos:

Envolve mais alguém? Quem, o quê, e como negociar?

Estratégias:

Data de início: __/__/__ Data de finalização: __/__/__

Meta a curto prazo:

Obstáculos:

Envolve mais alguém? Quem, o quê, e como negociar?

Estratégias:

Data de início: __/__/__ Data de finalização: __/__/__

Meta a curtíssimo prazo:

____

____

Obstáculos:

____

____

Envolve mais alguém? Quem, o quê, e como negociar?

____

____

Estratégias:

____

____

Data de início: __/__/__ Data de finalização: __/__/__

Recompensas (*Devo prosseguir em minhas metas*)

Use os seis chapéus antes de iniciar seu plano de ação:
Branco (dados) ____________________
Vermelho (emoção, prazeres) ____________________
Negro (contra) ____________________
Amarelo (otimismo) ____________________
Verde (oportunidade) ____________________
Azul (decisão) ____________________

Cristalização de metas

Afirmações positivas que me impulsionam para as metas:

____

____

____

____

O que eu quero? (faça um *brainstorming*)

Urgente:

Importante:

Objetivo:

Meta a longo prazo:

Obstáculos:

Envolve mais alguém? Quem, o quê, e como negociar?

Estratégias:

Data de início: __/__/__ Data de finalização: __/__/__

Meta a médio prazo:

____

____

Obstáculos:

____

____

Envolve mais alguém? Quem, o quê, e como negociar?

____

____

Estratégias:

____

____

Data de início: __/__/__ Data de finalização: __/__/__

Meta a curto prazo:

____

____

____

Obstáculos:

____

____

Envolve mais alguém? Quem, o quê, e como negociar?

____

____

Estratégias:

____

____

Data de início: __/__/__ Data de finalização: __/__/__

Meta a curtíssimo prazo:

____

____

Obstáculos:

____

____

Envolve mais alguém? Quem, o quê, e como negociar?

____

____

Estratégias:

____

____

Data de início: __/__/__ Data de finalização: __/__/__

Recompensas (*Devo prosseguir em minhas metas*)

Use os seis chapéus antes de iniciar seu plano de ação:
Branco (dados) ______________________
Vermelho (emoção, prazeres) ______________
Negro (contra) ______________________
Amarelo (otimismo) ___________________
Verde (oportunidade) __________________
Azul (decisão) ______________________

Cristalização de metas

Afirmações positivas que me impulsionam para as metas:

____

____

____

____

O que eu quero? (faça um *brainstorming*)

____

____

____

____

Urgente:

____

____

Importante:

____

____

Objetivo:

____

____

Meta a longo prazo:

____

____

Obstáculos:

____

____

Envolve mais alguém? Quem, o quê, e como negociar?

____

____

Estratégias:

____

____

Data de início: __/__/__ Data de finalização: __/__/__

Meta a médio prazo:

____

____

Obstáculos:

____

____

Envolve mais alguém? Quem, o quê, e como negociar?

____

____

Estratégias:

____

____

Data de início: __/__/__ Data de finalização: __/__/__

Meta a curto prazo:

____

____

____

Obstáculos:

____

____

Envolve mais alguém? Quem, o quê, e como negociar?

____

____

Estratégias:

____

____

Data de início: __/__/__ Data de finalização: __/__/__

Meta a curtíssimo prazo:

____

____

Obstáculos:

____

____

Envolve mais alguém? Quem, o quê, e como negociar?

____

____

Estratégias:

____

____

Data de início: __/__/__ Data de finalização: __/__/__

Recompensas (*Devo prosseguir em minhas metas*)

Use os seis chapéus antes de iniciar seu plano de ação:
Branco (dados) ____________________
Vermelho (emoção, prazeres) ____________________
Negro (contra) ____________________
Amarelo (otimismo) ____________________
Verde (oportunidade) ____________________
Azul (decisão) ____________________

Cristalização de metas

Afirmações positivas que me impulsionam para as metas:

____

____

____

____

3

Faça um controle de qualidade de seus produtos

O homem vale aquilo que sabe...
O homem que não sabe semeia a peste da ignorância.

Albert Camus

Talentos e habilidades

Conhecimento (know-how)

Esse é um talento que se está renovando a cada instante; cada nova informação registrada no cérebro é um conhecimento novo, que amplia o *know-how*. Portanto, para enriquecer nesse setor, é preciso ter atenção e observação. Ao usar esse *know-how* em tudo o que se faz e de que se participa, está-se trabalhando para o aumento do conhecimento, e tornando esse produto (talento) mais bem aceito no mercado. É também preciso estar atualizado com o que se passa no mundo; ler pelo menos um jornal diário, um livro técnico — dentro do Departamento Profissional —, um romance, para cultivar a sensibilidade, fazer cursos, seminários, ir ao teatro e ver televisão.

Comunicação

Essa habilidade se faz imprescindível em todos os departamentos. Não basta saber, e parecer uma enciclopédia ambulante; apesar de falarem o mesmo idioma, as pessoas se fazem entender por "línguas" diferentes: o "cinestês", o "visualês" e o "auditivês" — como diz Nelson Spritzer em seu curso auditorial (gravado em fita cassete) *O Cérebro*. É preciso treinar todas essas linguagens para poder comunicar-se com qualquer pessoa, em todos os departamentos, como veremos no capítulo 1 da parte II, onde falaremos sobre programação neurolingüística (PNL).

A comunicação é feita graficamente, por meio da fala, dos gestos, do olhar, e até do silêncio. Aquele que se torna capaz de decodificar todos esses significados coloca-se em melhor posição ao oferecer seus talentos no mercado da vida.

Energia

Não basta que se tenha conhecimento; é preciso energia para colocá-lo em ação. Essa energia vem de dentro de cada um, do posicionamento que tomamos diante dos desafios e sucessos alcançados. Sabemos que a angústia e a esperança andam juntas. Ao usarmos nossa força para vencer a angústia, a esperança aciona o gerador de energia para impulsionar-nos em direção ao sucesso.

Energia é aquela força que nos leva e traz, em tudo o que acionamos, em qualquer departamento. Para cada ato é preciso dosá-la; se usada além do que o momento exige, o excesso se perde, levando ao desgaste; se usada em menor quantidade que o necessário, a ação não se realiza da forma ideal.

A certeza de estarmos caminhando rumo às nossas realizações, usando a dosagem certa de energia, canaliza essa energia para o sentido desejado; então ela se renova, na medida em que é usada. Lembre-se: todos os departamentos exigem uma dosagem desse talento, e dentro de você existe sempre a quantidade necessária, que você precisa para vencer. Basta usá-la bem.

Tempo

Costuma-se dizer que todos nós recebemos do Banco da Vida 1440 minutos por dia para investir no que desejarmos. O único requisito é que essa aplicação seja feita no mesmo dia. Qual numa Bolsa de Valores, porém, quem aplicar com sabedoria receberá dividendos ao final do dia. Quem aplicar mal...

Aquele que sabe dividir seu tempo, organizando as tarefas com habilidade, acaba colocando mais ação no que faz, realizando mais, e percebendo que ainda sobrou tempo para recreação.

Para conseguir melhor retorno do tempo empregado, o *líder 24 horas por dia* precisa ocupar esse tempo de maneira bastante racional.

A Administração do Tempo cuida disso. Observe os itens a seguir:

1. Em primeiro lugar, agrupe os assuntos a serem resolvidos, formando "temas ou áreas de trabalho".

Ex.:
Planejamento — desenvolvimento de novos projetos;
Delegação — avaliação dos processos;
Produtividade — reflexão e criatividade;
Lucratividade, recursos humanos — outros.

Quando necessário, divida alguns itens em subitens.
Ex.: Recursos humanos, subdividido em:
Motivação — desenvolvimento pessoal/profissional;
Relacionamento interpessoal — administração de conflitos;
Canais de comunicação — integração das equipes de trabalho.

2. Defina que parte do seu tempo vai ser destinada a: trabalhos de rotina (exemplo: 70%, 80%...); trabalhos que exigem reflexão e elaboração — relacionados no item 1 (exemplo: 30%, 20%...).

Em sua agenda, devem ser destinados horários distintos para cada um desses trabalhos, uma vez que os "trabalhos de rotina", ou seja, de expediente, são realizados de forma *associada* e se caracterizam por uma linha pontilhada ou tracejada de atuação, com muitas interrupções que requerem uma atenção múltipla; e os "trabalhos que exigem reflexão e elaboração", feitos de forma *dissociada*, caracterizam-se por uma linha contínua de atividade, com tempo prolongado, ambiente calmo e atenção concentrada.

3. Em relação aos assuntos que exigem reflexão e elaboração, escolha os temas ou áreas de trabalho que serão tratados em um primeiro momento (mínimo de dois a três meses), usando os seguintes critérios: a) Prioridade — refere-se à urgência com que o tema será tratado. Use os numerais ordinais para indicar as prioridades: 1º, 2º, 3º... b) Importância — refere-se ao grau de valor que cada tema representa dentro do universo de itens a serem contemplados. Use as primeiras letras do alfabeto (maiúsculas) para representar o grupo de assuntos, segundo o grau de importância de cada um: A (assuntos de maior importância), B (assuntos de importância média ou relativa), C (assuntos de menor importância). Dessa forma, você estará aplicando cada grupo de assuntos: Aa, Ab, Ac etc. Dessa forma, você estará aplicando a "curva ABC" à administração do tempo. c) Complexidade — refere-se ao grau de dificuldade que o tema requer de quem o executa. Use os numerais multiplicativos para atribuir a cada item: x1 (uma unidade de tempo), x2 (o dobro dessa unidade), x3 (o triplo) etc.

4. Considerando a prioridade, a importância e a complexidade de cada tema, determine as horas que você vai reservar na sua agenda de trabalho semanalmente: 30 minutos, 1 hora, 1 hora e 30 minutos, de maneira a somar as horas destinadas ao conjunto de temas escolhidos.

Por exemplo: um profissional que destina 30% do seu tempo para os assuntos que exigem reflexão e elaboração terá, na semana, 12 horas para atender aos temas escolhidos: 8 horas por dia x 5 dias por semana = 40 horas (x 30% = 12 horas por semana).

5. Em seguida, passe seu "plano de administração do tempo" para a grade "horário de atividades", para determinar dia da semana e hora, a fim de pôr em prática seu plano. Nessa grade horária, as linhas cheias representam as horas inteiras, as pontilhadas, as meias horas.

No exemplo que estamos oferecendo, as 12 horas semanais foram distribuídas da seguinte forma: 2 horas e 30 minutos por dia, 1 hora e 30 minutos de manhã e 1 hora à tarde, de segunda a quinta, e 2 horas na sexta, sendo 1 hora pela manhã e 1 hora à tarde.

PLANO DE ADMINISTRAÇÃO DO TEMPO

Nº	TEMA	% do Horário de Trabalho	Observações
01	Rotina de Trabalho	70%	
02	Delegação		
03	Desenv. Novos Projetos		
04	Reflexão/Criatividade		
05	Administração de Conflitos	30%	
06	Motivação dos Rec. Humanos		
07	Atendimento ao Cliente		
08			
09			
10			
11			
12			
13			
14			
15	Avaliação Plano Adm. do Tempo		
	Soma (na Semana)		

Criatividade

Segundo Einstein, a imaginação é mais importante que o conhecimento. (Aliás, foi montado nas asas da imaginação — literalmente — que ele encontrou respostas fundamentais para sua Teoria da Relatividade.) A propósito disso, o jornal *O Estado de S. Paulo*, do dia 12 de abril de 1996, à página A-14, publicou a seguinte notícia:

> *Medicina — Estudo define como o cérebro escolhe palavras*
> Seleção é feita em várias regiões do hemisfério esquerdo, numa complexa rede neural.
>
> LOS ANGELES — Cientistas da Universidade de Iowa e do Instituto Salk de Estudos Biológicos exploravam sulcos e dobras do cérebro quando descobriram a região que lida com categorias distintas de palavras e conceitos.
>
> A descoberta oferece uma nova e provocativa visão sobre como o cérebro recupera palavras para descrever o mundo à sua volta. O cérebro parece usar um tipo de dicionário mental interativo disperso em muitas partes separadas do hemisfério esquerdo.
>
> O neuropsicólogo Afonso Caramazza, da Universidade de Harvard, considerou o estudo "um grande passo à frente". Para explorar o que ocorre quando o cérebro recupera certos tipos de substantivos, os pesquisadores estudaram nove adultos saudáveis e 127 pacientes com lesões cerebrais.
>
> Os pesquisadores descobriram que as partes do cérebro que se tornam ativas quando as pessoas tentam formar palavras encontram-se espalhadas. As descobertas consti-tuem evidências da existência de um complexo sistema neural que compõe mesmo o mais comum discurso. (*sic*)

O hemisfério cerebral esquerdo comanda as ações lógicas: cálculos, negociações, enfim: tudo o que requer lógica fria é dirigido por ele. O hemisfério direito rege o setor ligado às artes, à criatividade, idealização, imaginação etc. Sabendo desenvolver o potencial do hemisfério direito, consegue-se desenvolver a imaginação, um talento[1] de grande importância no mercado da vida.

A imaginação é uma das habilidades mais bem pagas do mundo. Aquele que é líder deve saber lidar muito bem com os dois hemisférios do cérebro, não só pela necessidade de buscar soluções, abrir novos caminhos, mas também pela influência direta que ele exerce sobre a capacidade de resgatar registros na memória. Diz Napoleon Hill: "Qualquer pessoa, esteja onde estiver, seja qual for sua ocupação, encontrará sempre uma oportunidade de ser mais útil e, portanto, mais produtiva, se desenvolver sua imaginação e fizer bom uso dela".

Concentração

Capacidade de centrar a idéia na qual se quer trabalhar.

Existem pessoas que se distraem ao menor ruído ou movimento. São pessoas que não têm domínio sobre seu poder de concentração e estão mais sujeitas a sofrer de insônia e hipertensão. Têm dificuldade de assimilar o que lêem, escrevem, e até mesmo o que falam. O verdadeiro líder tem capacidade de estar ocupado 24 horas por dia. No momento em que vai dormir, deve ocupar-se em dormir, e não pré-ocupar-se com a duplicata a ser paga no dia seguinte. Ao almoçar, deve ocupar-se com o prazer que o alimento lhe causa, visual, auditiva e cinestesicamente. A pessoa que consegue concentrar-se a cada momento, na ação que aquele momento exige, certamente ganha confiança, credibilidade e respeito daqueles que o cercam.

Ampliar a habilidade de concentração aumenta as chances no mercado da vida.

---

1. "Talento", do grego *tálanton*, "soma de sessenta minas". Atr. do latim *talentu*, peso e moeda da Antiguidade grega e romana (cf. *Novo Dicionário Aurélio da Língua Portuguesa*). (N. da A.)

Decisão

O poder de decisão é gerador de energia. Por outro lado, no tempo de indecisão — enquanto não é feita a escolha — é que existe maior desgaste dessa energia. "Não sei se é bom ou ruim, Não sei se devo ir ou ficar, Faço ou não faço? Será que..." Precisamos estar aptos a tomar decisões, 24 horas por dia. Mesmo que se decida erradamente, existe sempre um ensinamento a ser tirado daquele erro, o que leva ao crescimento. Depois de uma infinidade de tentativas, em busca de um material resistente o bastante para ser usado como filamento — enquanto trabalhava na invenção da lâmpada elétrica —, Thomas Edison viu seu laboratório pegar fogo. Algo assustado, embora ileso, ele viu um amigo aproximar-se e dizer-lhe: — Desista dessa idéia. Não vai dar certo! — Edison deu um sorriso, olhou as labaredas que subiam e confidenciou ao amigo: — Sabe de uma coisa? Acabei de aprender algo fantástico: aprendi que ainda não é assim! Além de mostrar ser um homem de grande poder de decisão, Edison ainda nos dá um exemplo de perseverança, talento imprescindível para quem quer ser líder. (Billy Sunday diz: "A indecisão é o instrumento favorito do demônio".)

Quem sabe deliberar corretamente sobre o que se propôs tem maior agilidade para decidir; em conseqüência, poupa energia para ser utilizada em outros talentos. Aquele que tem dificuldade em escolher o rumo a tomar fica em desvantagem no mercado da vida. É fácil identificar o indeciso: geralmente é lento nos gestos e na fala. Titubeia muito e mostra, na fisionomia, sua falta de poder de decisão. Procura sempre "empurrar com a barriga", e quando finalmente decide, muitas vezes o faz tardiamente, o que costuma causar prejuízos, a ele e a outros. É aquele que tem dificuldade de entender uma piada ou um recado e que, na gíria, é chamado "seu Obturado". Tem dificuldade em fazer amizades e tomar posições definidas.

Esse é um dos talentos mais fáceis de serem percebidos no dia-a-dia. Poder de decisão é condição *sine qua non* para quem pretende ser líder; porém, cuidado para não fazer parte do grupo daqueles que propõem, deliberam, decidem e... param por aí. Não é incomum encontrar pessoas que vivem tomando decisões mas que não acionam aquilo que decidiram. A atitude conseqüente e imediata à decisão precisa ser...

Ação

Uma decisão tomada com embasamento firme e seguro é muito importante porque a ação a seguir é o espelho dessa decisão. O acionamento da ação deve ser imediato, pois a energia gerada pelo trabalho exercido nas etapas anteriores — proposição, deliberação, decisão — é muito vibrante e está fortemente atuante nesse momento. O potencial energético condensado no instante "mágico" da ação cria um poder maior que aquele com o qual convivemos diuturnamente. Ao prepararmo-nos para acionar a decisão tomada, somos invadidos por uma força monumental, que denominamos entusiasmo, cujo significado — *En Theus* — é Deus no coração.

Portanto, decisão e ação são atitudes que precisam ser seqüenciais e conjugadas; se postergarmos uma ação, estaremos permitindo que essa força motriz, chamada entusiasmo, vá se esvaindo aos poucos, como a areia que escorre pelo gargalo da ampulheta.

Identifique e assinale com um X quais talentos e habilidades você precisa desenvolver ainda mais em cada departamento para equilibrar e fazer crescer sua Roda da Vida.

Departamentos	Conhecimento	Comunicação	Energia	Tempo	Criatividade	Concentração	Decisão	Ação
Familiar								
Social								
Físico								
Espiritual								
Mental-Intelectual								
Profissional								
Financeiro								
Dinamização								

Trabalhando na forja do Campeão

Treino e disciplina

Onde e quando começa o preparo do Campeão?

Durante os cursos que ministro, de norte a sul do Brasil, costumo passar alguns filmes ilustrativos; dentre eles há um que mostra o adestramento de um cavalo de raça que cabe aqui, como exemplo[1]: Trata-se de um cavalo adestrado desde o nascimento para ser campeão.

1. Título do filme: *Em Suas Mãos*, distribuído pela Siamar.

O treinamento do potrinho começa algumas horas após seu nascimento. Mal ele consegue colocar-se em pé, sua mãe o faz correr ao seu lado, no pasto.

Além de ser bem tratado e alimentado, seus amestradores não descuidam da vigilância e dos exercícios a que se deve submeter. Assim, a par das diversões e das brincadeiras com os outros animais, ele aprende a comportar-se diante das pessoas. A saúde e o desenvolvimento desse animal são acompanhados de perto por seus donos, que lhe ensinam principalmente a ter disciplina.

Ele aprende a obedecer ao comando das rédeas e dos freios, a correr ao lado de outros cavalos, a comportar-se adequadamente nas curvas, a responder às ordens do jóquei. Além de aprender a correr, precisa aprender também a desfilar, e deve saber quando fazer uma coisa e quando fazer outra. Aprende a aceitar a sela e o bridão, a usar ferraduras e a ser transportado em veículos próprios.

É escovado, levado às raias e ensinado a disputar corridas. Durante todo o tempo é tratado com grande paciência pelos treinadores. É disciplinado a desenvolver cada vez mais velocidade e a disputar palmo a palmo de terreno com seus competidores. É ensinado a manter o ritmo, a conservar sua força e dar o *sprint* no momento exato.

Um potro puro-sangue aprende primeiro com seus pais, depois com os treinadores, a enfrentar os desafios do seu mundo: a galopar com outros cavalos, a obedecer de pronto os comandos humanos e a passar por vários testes de bastidores. Em suma: aprende a correr. Toda manhã é retirado da baia e faz treinamento na pista durante horas. Se algum problema aparece, o treinador sempre tem como solucionar. Tudo é feito para que o animal se sinta bem e apresente o melhor desempenho possível.

Dia de corrida. Quando um cavalo entra na pista, sua raça e seu coração correm com ele, mas, para estar pronto, preparado para a disputa, ele precisa da ajuda de alguém; o treinador, o alimentador, o escovador, toda uma equipe trabalha para colocá-lo em condições.

Bandeira levantada... lá vão eles.

Por que tudo isso é mostrado naquele filme? Para que os alunos saibam como se prepara um cavalo corredor? Não, claro que não! Toda essa dinâmica é mostrada para que, enquanto assistem ao filme, possam estabelecer um paralelo e verificar as diferenças e semelhanças entre um cavalo de corrida e os seres humanos.

Assim como o cavalo, você foi cuidado e educado por seus pais, quando criança. Cresceu, sofreu alguma influência de terceiros durante a vida, mas quem deu rumo a ela foi você. Você é seu próprio treinador, você é seu próprio jóquei.

Evidentemente recebe treinamento e orientação de seus gerentes, chefes e instrutores, mas é você quem decide se e o que aprender; o que usar e o que rejeitar; o que realizar e o que ignorar; se deve cuidar de si ou se descuidar; se deve se preparar ou apenas mentir a si mesmo; se deve edificar-se ou desmoronar; se já está pronto para a corrida ou se ainda não está. Você é seu próprio motivador. É você quem comanda seu destino. Seja tudo o que puder ser, pois você sabe que a vitória será sua, e somente sua, quando cruzar a linha de chegada, porque você decidiu vencer e sabe que a vitória está em suas mãos.

Vencedor inspira vencedor

Diz o ditado que "aves de igual plumagem voam juntas". Ao ser treinado para correr, conviver com outros cavalos corredores e ser colocado ao lado de vencedores — cavalos campeões —, foi incutido naquele potro o espírito de campeão. Quando está na pista ao lado deles, ele só tem uma coisa na cabeça: vencer.

E você? De que tipo de pessoas está rodeado? Em que espécie de pessoa você se espelha?

Em seu livro *A Lei do Triunfo*, Napoleon Hill discorre sobre o que ele denomina *Master Mind.* Ao conviver com pessoas dinâmicas, de espírito realizador, você acaba sendo contaminado pelo "vírus do sucesso", pela "bactéria do empreendimento". Durante muitos anos ele pesquisou, entre pessoas de destaque no mundo socioeconômico, em busca da resposta a uma pergunta: *O que as pessoas de sucesso têm em comum?* Descobriu que as pessoas de êxito sentem-se naturalmente atraídas por pessoas de êxito. Mais que isso: elas têm atitudes positivas, acreditam no sucesso em qualquer circunstância.

Por outro lado, pessoas ligadas a derrotistas acabam assimilando o espírito de derrotismo. É raro que isso não aconteça.

Já notou que, numa roda de amigos, quando uma pessoa fala de um mal que o importuna — uma dor na coluna, por exemplo —, há sempre alguém a queixar-se daquela úlcera que não lhe dá sossego? E, o que é pior, não fala simplesmente da úlcera; fala: "a *minha* úlcera". Sim, porque aquela úlcera é só dele, e é de estimação. Ai de quem tentar depreciá-la; ele a trata com todo o carinho, esperando que ela nunca o abandone.

Essas pessoas formam, geralmente, um grupo de perdedores. Os grandes realizadores cercam-se de gente que pensa, vinte e quatro horas por dia, em realização. O assunto deles é: "Eu fiz (ou estou fazendo); eu realizei (ou estou realizando); eu pesquisei (ou estou pesquisando), e assim por diante. Nesse grupo não se fala sobre doenças, a não ser para comentar sobre sua cura ou como evitá-las.

A essa forma de pensamento positivo e construtivo Hill deu o nome de *Master Mind.* Aqueles que pertencem a esses grupos são multiplicadores; estão constantemente lançando suas sementes. Cada vez que uma delas cai em solo fértil, brota ali outro multiplicador, para ampliar a *master mind.* Trabalhe nessa semeadura e seja, você também, um *master minder*. Como conseguir isso? Tenha sempre algo positivo a transmitir. Respeitando o grau de alcance de cada pessoa, faça um reparo positivo cada vez que vir — ou ouvir — algo negativo. Não tente mudar as pessoas; você não vai conseguir isso. A sua verdade pode não ser a dela; porém, cada vez que encontrar alguém sequioso por aprender, lance sua semente nesse solo. É possível que ali brote uma "árvore frutífera". A propósito, há uma história que ilustra bem isso:

> À porta de um oásis[1] postava-se um sábio, cercado por seus discípulos, quando alguém a cavalo aproximou-se dele. O cavaleiro apeou e se dirigiu ao ancião, perguntando-lhe: — Velho, você que parece saber tudo, cheio de sabedoria, responda-me: que tipo de pessoa mora nesta cidade? Tenciono residir aqui.
>
> Como a mostrar que sabedoria demanda prudência, em vez de responder diretamente, o sábio indagou: — Meu jovem, que tipo de pessoa mora na cidade de onde você vem?
>
> Com expressão de desagrado no rosto, o rapaz respondeu: — Lá só vivem pessoas egoístas, arrogantes, que só pensam em si, que estão sempre prontas a prejudicar qualquer um, em benefício próprio. Foi por esse motivo que resolvi procurar outro lugar para morar.
>
> Após alguns segundos de meditação, o sábio disse: — É esse o tipo de pessoa que você vai encontrar aqui.
>
> Desanimado, o jovem agradeceu, tornou a montar seu cavalo e sumiu no horizonte. Não havia passado muito tempo quando outro jovem chegou, vindo do deserto. Acercou-se do ancião e, como o primeiro, fez-lhe a mesma pergunta. No-

1. Diferentemente do que muitos possam pensar, um oásis não é apenas uma pequena fonte de água com algumas tamareiras à volta. Dependendo das condições do local, ali são construídos pequenos povoados onde moram muitas pessoas. Geralmente são cercados por muros altos, por causa das tempestades de areia, que ocorrem com freqüência no deserto, tendo um grande portão que leva ao interior da cidade. (N. da A.)

vamente o velho devolveu a pergunta, indagando qual o tipo de pessoa residente na cidade de onde o jovem viera. Com um misto de tristeza e orgulho no rosto, o recém-chegado explicou: — As pessoas que lá deixei são honestas, amigas e sempre prontas a ajudar os outros. Foi com pesar que precisei deixar aquela cidade.

Sem um momento de hesitação, o sábio afirmou: — Pode entrar tranqüilamente, pois esse é o tipo de pessoas que você vai encontrar aqui.

Com um sorriso e uma expressão de alívio no rosto, o jovem agradeceu e adentrou o povoado. Atônito com a atitude do sábio, um dos discípulos interpelou-o: — Mestre, não compreendo! Ao primeiro cavaleiro o senhor disse que os moradores daqui são maus, egoístas e traiçoeiros. Ao segundo, contudo, o senhor deu informação contrária, dizendo que o povo era bom e que seria conveniente que ele ficasse! Por quê?

Com simpatia, aquele homem que muito sabia, e em saber mais insistia, explicou: — Não se trata de como as pessoas são, mas de como nós as vemos. O primeiro homem só conseguia ver maldade nas pessoas da cidade de onde saíra; é só isso que ele iria ver nos moradores daqui. O egoísmo, a desconfiança e a maldade estavam dentro dele, e é nisso que ele sabe se espelhar. Já o segundo só tinha olhos para o lado bom dos outros. Sua entrada neste povoado só trará paz e harmonia aos seus habitantes, e é isso que todo ser humano deseja.

Sábia conclusão, vinda de um homem sábio! E você? Como são as pessoas que o cercam? Se você se identifica com o segundo cavaleiro, ótimo! Está no caminho certo. Aquele que se julga mais próximo do primeiro cavaleiro está precisando reformular-se. Talvez os entraves na vida dele sejam um sinal de alerta, para que ele reveja suas atitudes e se reposicione perante si próprio. Quem é capaz de ver e admitir seus próprios erros demonstra sabedoria. Diz o adágio que "O vaidoso se sobrepõe à cena; o orgulhoso apaga a cena; o sábio pára, ouve, reformula e segue".

O vaidoso sempre tem um caso mais empolgante para narrar. Não importa o que seja dito, invariavelmente ele tem algo melhor — acontecido com ele — para contar, pois precisa estar sempre em destaque. O orgulhoso, por seu turno, nem se dá ao trabalho de contar algo maior. Ele simplesmente apaga a cena. Se um fato ou uma atitude mexem com seu orgulho, ele não permite que seu cérebro registre aquilo. Ao lhe ser perguntado a respeito, sua atitude é: "Não vi, não ouvi, você está enganado; isso nunca aconteceu". Quem está errado é sempre o outro. Ele não admite sequer a possibilidade de o engano ser dele. Só aquele que parte do princípio de que todas as possibilidades devem ser analisadas — antes de tomar uma posição — corre menos risco de posicionar-se erradamente, e, quando isso acontece, sente-se moralmente à vontade para admitir seu erro e mudar a conduta, diante do novo enfoque da situação. Esse tipo de conduta traz firmeza, tranqüilidade e — em decorrência — crescimento. Não é muito melhor assim? A escolha é sempre sua. O líder não pode abrir mão disso. Quem lidera encara o "novo" e corre os riscos.

O líder encara o "novo"

A Porta Negra

Conta-se que o general responsável por um campo de concentração nazista, durante a Segunda Guerra Mundial, era temido por todos, por sua rudeza no trato e inflexibilidade no julgamento. A mínima irregularidade cometida por qualquer dos prisioneiros era punida com a morte. Quando um caso de desobediência ocorria no campo, o fato era levado ao seu conhecimento; ele chamava o prisioneiro e lhe dava duas escolhas: câmara de gás ou... a porta negra. Nesse momento sua expressão se tornava tão terrível, sua voz tão aterrorizante e seu porte e gestos tão ameaçadores que o condenado se sentia em pânico, escolhendo a câmara de gás, para pôr logo fim ao que ele sabia ser a morte, de uma forma ou de outra. Afinal, que formas de horror deveriam existir por detrás daquela porta? Por vezes, mesmo não tendo cometido um delito grave, o prisioneiro sentia-se gelar por dentro, ante o sorriso sardônico e o olhar gelado daquele homem, em atitude marcial, braços entrecruzados à frente do peito, o indicador da mão esquerda apontando à direita, para a câmara de gás, e o direito voltado para a esquerda, em direção a uma enorme e pesada porta, toda pintada de preto, que nunca fora aberta. Aquilo aterrorizava até os próprios soldados, ao olharem para ela, e desencorajava qualquer prisioneiro a ser o primeiro a descobrir o que havia por detrás dela.

Um dia um prisioneiro aceitou o desafio e teve a coragem de escolher a temida porta negra. Todos, ao redor, ficaram estarrecidos com a escolha, e um calafrio percorreu-lhes o corpo ao pensar na sorte do pobre infeliz. Seguro pelo braço — pelo próprio general —, ele foi conduzido até a frente da porta fatídica. Com um ranger de gonzos, lentamente a passagem se abriu e ambos sumiram por detrás dela. Depois que a porta se fechou, o prisioneiro viu-se diante de um longo corredor. Ainda tendo a mão do general a segurar-lhe o braço, ele foi conduzido até o fim daquela passagem, onde havia outra porta que, ao ser aberta, mostrou o lado externo do campo. Intrigado, o prisioneiro olhou para o comandante e perguntou: — Para onde estou sendo levado?

Já sem o sorriso irônico nos lábios, o general largou seu braço e respondeu: — Para a liberdade! Os covardes que preferem enfrentar a morte ignominiosa da câmara de gás a ter coragem para enfrentar o desconhecido merecem aquele fim; só quem é corajoso o bastante para encarar algo novo, que ainda não conhece, em lugar de seguir como cordeiro e aceitar o gás, como destino, só esse merece ter chance à vida. Vá! Você está livre.

A tendência de muitos, quando se sentem atingidos em suas fraquezas, é de fugir e escapar do problema ou procurar a saída mais fácil, mesmo que não seja a melhor. De fato, é uma solução simplista, mas dificulta e retarda a evolução. Quando fugimos do problema, estamos fechando os olhos para a chance que nos está sendo dada de trabalhar naquele ponto, de resolver (re-solver) aquela questão. O ser humano tem muitos pontos fracos e reluta em trabalhar no sentido de solucioná-los; tem a tendência de sentir-se injustiçado, tolhido, posto de lado, simplesmente por não haver cuidado de eliminar aquele ponto. Para que esses pontos fracos possam ser definitivamente extirpados, é preciso que se coloque ação em dois pontos: coragem e humildade. Para sair de nosso "campo de concentração interior", precisamos coragem para enfrentar nossa porta negra, e para alcançar a liberdade, temos de atravessar o corredor da humildade. Sábio é aquele com coragem bastante e humildade suficiente para fazer esse trajeto.

Todos nós temos a intenção de sermos simpáticos às pes-soas, e queridos por elas; contudo, será que nossas atitudes sociais são vistas pelos outros da forma como desejamos que eles as vejam? Para termos resposta a essa pergunta e podermos montar um *feedback* razoável, é preciso permitir que as pessoas nos apontem onde nossa conduta pode estar causando mal-estar a elas. Pergunte-se: *"Tenho consciência das tendências dos outros? Sei como usá-la, para melhorar meu relacionamento com elas? Sou bem aceito por todos? Em que pontos posso melhorar meu convívio social?"*.

Ao observar o que se passa ao seu redor, com os ouvidos atentos, os olhos bem abertos e os sentidos aguçados, talvez você perceba que algumas mudanças devam ser feitas em relação ao seu comportamento. Ao fazê-las — de modo consciente —, você fortalece sua capacidade de comunicação, descobre um mundo novo, de experiências novas, e, principalmente, que as pessoas se aproximam, querendo integrar você ao seu convívio social e pessoal. Se sentir algum tipo de resistência dentro de seu grupo social evite acusar, defender-se ou justificar suas atitudes. Em psicologia isso se chama racionalização. Racionalizar significa justificar o injustificável. Em vez disso, procure obter *feedback* do grupo e analise onde você pode estar falhando. Os principais passos para isso são: aceitar, avaliar, entender e... acionar, no sentido de mudar aquilo que você entendeu como não-harmonioso para o meio. Em lugar de perguntar por que aquilo está acontecendo, pergunte-se: o que devo fazer para mudar a situação? Quem acha difícil agir assim deve considerar que a recompensa vale a pena. A harmonia, dentro do grupo, abre portas em todos os departamentos, nas áreas de sua vida, e essas portas existem de sobra para quem toma consciência das informações que estão ao redor. Todo líder sabe disso.

O princípio da pequena diferença

O cavalo da nossa história — aquele cujo filme costumo passar nos seminários que ministro — é condicionado a batalhar para ser campeão. Desde o seu nascimento ele recebe treinamento, aprende a correr junto com outros cavalos, a manter a conduta determinada por seu treinador — tanto na andadura quanto na postura, de focinho erguido e olhar à frente —, a disputar pela vitória nas corridas. Ele não nasceu com esses predicados. Essas habilidades foram aprendidas ao longo dos anos, e à custa de muito treinamento. Foram estipuladas metas pelos treinadores, que o cavalo aprendeu a cumprir. Todavia, ao alinhar-se com os outros campeões, para a largada de um grande prêmio, não há treinador junto dele; é só ele, consigo mesmo, e o jóquei a guiá-lo.

É dada a largada, e um punhado de campeões, juntos, se atira em direção ao objetivo comum. O que é importante? Cruzar a linha de chegada em primeiro lugar. O que é urgente? Seguir o plano previamente traçado: manter determinado ritmo de corrida, estar situado sempre entre os primeiros — para não perder de vista a meta principal —, colocar-se na raia em posição que facilite o arranque final e agir no momento certo, para o *sprint*, rumo à linha de chegada. Qualquer falha durante o percurso pode significar derrota.

Nosso potro, já crescido, desenvolvido e pronto para competir, está alinhado entre os demais, na fita de saída. Seu jóquei é competente, há um plano de corrida previamente traçado — que deve ser seguido à risca — e que está sendo posto em ação, com rotas alternativas de atuação, se as circunstâncias assim o exigirem.

Ele cruza a linha de chegada apenas um focinho à frente do segundo colocado. O prêmio para o vencedor é dez vezes maior que o do segundo colocado. Isso significa que o cavalo vencedor é dez vezes melhor que o segundo? Que ele vale dez vezes mais do que o outro? Claro que não! Será que ele é dez vezes mais veloz? Também não! A diferença foi apenas de um focinho; no entanto, o prêmio foi dez vezes maior. Esse é o princípio da pequena diferença.

Ao colocarmos nossos produtos à venda no mercado da vida, esse princípio também é levado em conta. São pequenas diferenças naquilo que realizamos que nos fazem campeões, ou nos obrigam a ceder o primeiro lugar a outro. É o princípio da pequena diferença que nos permite alcançar ganhos dez vezes maiores que os dos "segundo-colocados" da vida. Às vezes, no entanto, essa diferença é tão pequena que é imperceptível; mas... ela faz toda a diferença.

Para que isso seja alcançado, contudo, é preciso atenção para os mínimos detalhes: agir na hora certa; saber esperar; dar o *sprint* no instante correto; poupar o fôlego e saber soltá-lo no momento preciso, e estar constantemente atento a detalhes que talvez precisem nos fazer mudar de plano na última hora. Somando-se todos esses detalhes no momento de "cruzar a linha de chegada" de um grande negócio, é essa pequena diferença que separa os *Homens* dos meninos; os *Vitoriosos* dos vencidos.

Os treze passos para uma auto-imagem sadia (*sugere Zig Ziglar*)[1]

1. Gostei de você — O bom senso recomenda
   — A ciência explica
   — A Bíblia confirma
2. Levante-se, vista-se, arrume-se, fique bonita
3. Busque parâmetros
4. Ouça, leia e participe, para a autoconstrução
5. Filie-se ao clube do sorriso e do elogio
6. Habitue-se a construir autoconfiança
7. Faça alguma coisa por alguém
8. Associe-se aos vitoriosos
9. Faça uma lista das suas qualidades
10. Faça um inventário das suas contabilidades
11. Creia em uma força maior
12. Aprenda com os fracassos bem-sucedidos
13. Fale; comunique-se

Sua auto-imagem está saudável?

1. Gosto de mim? Por quê?

____

A partir de agora vou:

____

1. *Eu Chego Lá*, de Zig Ziglar, Editora Record.

2. Como é minha imagem (vista por mim mesmo)?

____

Preciso:

____

3. Tenho parâmetros? Quais?

____

4. O que estou fazendo hoje e que me faz crescer?

____

5. Possuo as seguintes qualidades:

____

Preciso desenvolver:

____

6. Confio em mim? O que preciso para isso?

____

7. O que faço pelos outros?

____

8. Quem considero vitorioso?

____

9. Minhas qualidades são:

____

10. Minhas vitórias:

____

11. Creio em:

____

12. Aprendi o seguinte, com meus fracassos:

____

13. Tenho facilidade em comunicar-me? Como faço isso?

____

4

Como você se vê? Como os outros o vêem?

Conheça *A Janela de Johare*

Cada pessoa expressa seus sentimentos por meio de atitudes próprias, que a identificam em seu meio. A isso chamamos personalidade. Todavia, personalidade e identidade têm significados distintos.

A palavra "personalidade" deriva de *persona*; é aquilo que é próprio da pessoa, que é expresso em sua forma particular de se posicionar, ou seja: a qualidade do que é pessoal. Por essa razão ela é mutável. Aliás, estamos sempre mudando nossa personalidade, ao copiar o que consideramos bom e ao eliminar o que julgamos inadequado, o que é sinal de evolução.

A identidade representa algo mais profundo, menos mutável. Ela é a qualidade do que é idêntico, diz o dicionário. Quero tentar estender um pouco mais esse conceito. Identidade é o produto das idéias que formam o conjunto ideológico de cada um. É própria de cada pessoa e é, também, mais difícil de ser eliminada, o que não quer dizer que não possa ser; antes, é mais bem estruturada, burilada e enriquecida com conceitos novos.

Se a personalidade pode ser simbolizada como uma qualidade mais superficial, mais social, a identidade situa-se em nível mais profundo, mais íntimo. Não é modificada ou descartada com a mesma facilidade com que lidamos com a personalidade.

Personalidade — *Persona* (Mutável — busca evoluir).

Identidade — Idêntico (Igual, difícil de se tornar diferente).

É essa qualidade que permite que as coisas que pensamos e sentimos partam de princípios não idênticos e se completem, por serem semelhantes. Quando uma idéia evolui, todo o conjunto ideológico evolui junto.

É a identificação entre os elementos formadores desse conjunto que permite seja estabelecido o caráter por meio do qual é mostrada a personalidade. *A Janela de Johare*[1], criada por Joseph Luft e Harry Ingham, pretende auxiliar cada um a conhecer-se melhor, pela identificação de sua personalidade. Veja os gráficos a seguir:

	Conheço	Não conheço
Outros conhecem	Eu Aberto	Eu Cego
Outros não conhecem	Eu Secreto	Eu Desconhecido

Eu Aberto

É a parte do Eu que se permite ficar exposta e trabalhar para alcançar *feedback*. Procura ter equilíbrio no que faz, promover empatia, para melhor entender as situações e adquirir subsídios para obter mais *feedback*. Tem facilidade em fazer camaradagem e transmite confiança.

---

1. O nome Johare não é vernáculo; é tirado de parte do nome de cada um de seus criadores: JO — de Joseph — e HARE — corruptela do nome Harry —, formando a palavra JOHARE. (Vide desenho *A Janela de Johare*, da Siamar , São Paulo, Filmes de Treinamento.) (N. da A.)

Eu Cego

O Eu Cego tem pouco *feedback*, espírito muito crítico, egocêntrico, autoritário, desconfiado e incapaz de inspirar confiança.

Eu Secreto

É a parte mais exacerbada do Eu. Deseja atrair *feedback* em exagero, sente segurança em quase tudo, tem auto-estima pobre e, por isso, tenta manipular as pessoas.

Eu Desconhecido

Tem pouca interação com o próprio Eu e com os outros; por essa razão é fechado e transmite hostilidade.

Os processos reguladores das informações entre pessoas consistem em:

1. Busca de *feedback* — Trabalhar para coletar informações, com o intuito de saber como sua conduta afeta os outros, ou seja: ver-se com o olhar dos outros.

2. Auto-exposição — Fornecer aos outros seu próprio *feedback*, tornando públicos seus pensamentos, percepções e sentimentos sobre como a conduta dos outros o afeta.

Quando esses dois processos são operados de modo amplo e equilibrado, produz-se desenvolvimento individual. Quando, porém, um dos processos é mais intensamente acionado, provocando desequilíbrio, nascem as tensões, hostilidades e ressentimentos, que são prejudiciais ao relacionamento e à produtividade.

A extensão de cada área deve ser levada em consideração, por significar a amplitude do relacionamento mantido com os outros e suas conseqüências — diretas ou indiretas — no nível de satisfação pessoal e de produtividade.

Área I — Eu aberto — Representa nosso comportamento conhecido por nós e por quem nos observa. Sofre grandes variações, dependendo do ambiente e dos grupos de pessoas com quem estamos nos relacionando. Esta área abrange aquilo que pode ser compreendido por nossos parentes e amigos, tal como: maneira de falar, algumas de nossas habilidades, bem como nossa conduta de modo geral.

Área II — Eu cego — Compreende o que caracteriza nosso comportamento no âmbito que pode ser facilmente entendido pelos outros, mas que nós próprios geralmente não percebemos, como por exemplo: nossas manifestações nervosas, nossas atitudes sob tensão, as reações agressivas aos outros, desprezo por quem discorde de nós etc.

Embora esses comportamentos não sejam percebidos por nós, são óbvios para os outros. Somos severos nas críticas aos outros — nesta área — sem perceber que estamos criticando um comportamento que nos é comum.

Área III — Eu secreto — Essa área mostra a conduta que sabemos ter, mas que procuramos esconder dos outros, desde fatos corriqueiros até assuntos de grande importância. Usamos esse tipo de conduta mais em situações fechadas que em situações abertas. Nesta área, bem como na área II, podem-se conseguir mudanças se os indivíduos trabalharem juntos, com compreensão e colaboração.

Área IV — Eu desconhecido — São os pontos obscuros sobre os quais não temos consciência, nem os outros, como por exemplo: memórias de infância, potencialidades latentes, traumas e aspectos desconhecidos da dinâmica interpessoal. Com aumento de abertura e aquisição de mais *feedback*, alguns aspectos mais superficiais poderão vir à tona e se tornar conscientes; outros, porém, jamais emergirão para a mente consciente.

Mudança nos quadrantes

Há pouca interação na área I do Eu aberto (figura da pág. 139) — que é muito pequena — quando se entra em um grupo novo. Ao começar a conquistar liberdade para agir com autenticidade, a interação cresce paulatinamente, uma vez que, num âmbito de confiança recíproca, a necessidade de esconder ou negar pensamentos ou sentimentos decresce. Com isso, o aumento na área I — do Eu aberto — faz decrescer na mesma proporção a atuação na área III, do Eu secreto.

O impulso para cima, na área I, do Eu aberto, vai atenuando os medos e as tensões, o que abre espaço para uso dos recursos do grupo rumo a um objetivo comum. Esse processo propicia maior receptividade às informações, opiniões e idéias novas, individualmente e no grupo, liberando o poder criativo e a potencialidade de cada um.

Com esse comportamento podendo expressar-se dentro de um maior número de necessidades, o indivíduo tem mais possibilidade de ficar plenamente satisfeito com seu trabalho e de participar plenamente das atividades do grupo.

Por outro lado, há fortes motivos — de ordem psicológica — para a aceitação do que se faz ou do que se sente. Em decorrência, a área II, do Eu cego, leva mais tempo para ser reduzida. Deve-se salientar que uma mudança em um dos quadrantes provoca modificações em todos os demais.

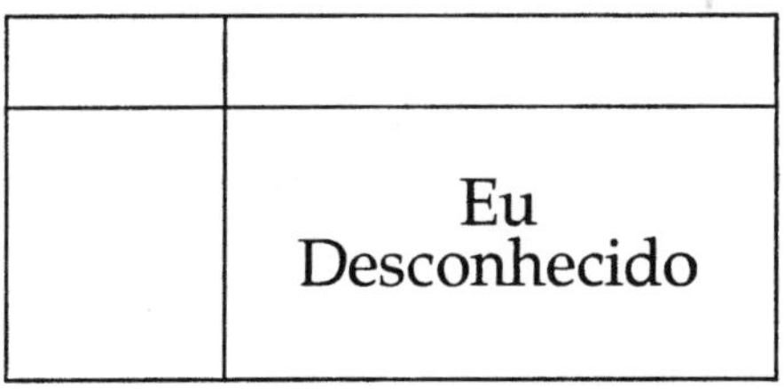

Esta figura mostra o predomínio da área desconhecida, com suas potencialidades inexploradas, criatividade reprimida e psicodinâmica pessoal preponderante. Os dois processos são utilizados em grau reduzido, provocando relacionamento impessoal. O indivíduo coloca uma armadura em torno de si próprio, demonstrando atitudes rígidas, evitando definir posições, mostrando aversão em assumir riscos, retraindo-se e ocupando posição mais de observador que de participante.

Essa conduta está ligada a sentimentos de ansiedade e necessidade de segurança, comprimindo sua energia para um sistema quase fechado, em vez de deixá-lo escoar rumo à autodescoberta e ao crescimento pessoal. Isso gera hostilidade e desconfiança nos outros, pois a falta de relacionamento é julgada em função das necessidades dos outros, e essa lacuna afeta sua satisfação.

Isso ocorre em locais onde, às vezes, é conveniente evitar a abertura e o envolvimento.

Fica claramente demonstrada neste gráfico a predominância da área não conhecida pelo Eu, com seu grande potencial não explorado, a criatividade reprimida e a psicodinâmica pessoal tendo predominância. Ambos os processos são acionados de forma insatisfatória, provocando forma impessoal de relacionamento. O indivíduo se esconde por detrás de uma concha de proteção, permitindo que se veja apenas o lado rígido de seu comportamento, relutando em assumir riscos, colocando-se na posição mais de espectador que de participante.

Esse comportamento está ligado a sentimentos de ansiedade e busca de segurança, dirigindo sua energia para um compartimento estanque, em vez de direcioná-la aos canais da autodescoberta e do desenvolvimento pessoal. Essa forma de atuar gera hostilidade nos outros, por insatisfação e pobreza de relacionamento.

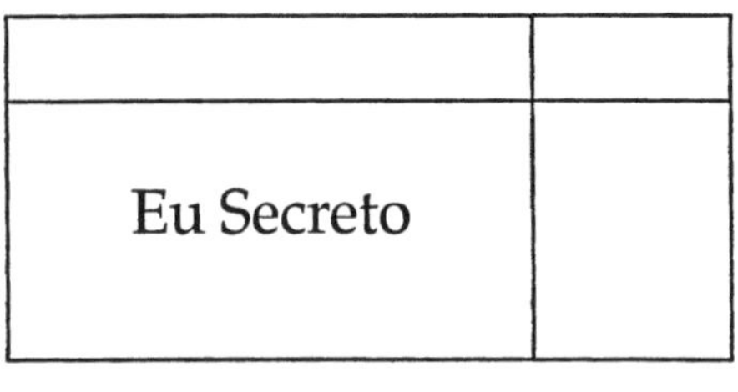

A situação ilustrada na figura da página anterior mostra maior inclinação para o lado do questionamento sobre si mesmo, querendo conhecer — por meio dos outros — o máximo sobre sua pessoa, no afã de saber como é visto pelo grupo — o que pensam de suas atitudes e idéias —, solicitando *feedback*. Por outro lado, mostra hesitação para expor-se, com abertura muito estreita do canal de comunicação, o que pode ser interpretado pelos outros como sinal de desconfiança. Difere da mostragem do gráfico anterior, pelo desejo de indagação, no anseio de criar vínculos com o grupo, por pedidos de *feedback*, requisitando dados sobre o que o grupo pensa dele.

Na maioria das vezes quer saber a opinião do grupo a seu respeito, antes de se comprometer; esse comportamento acaba descontentando os outros, levando-os a se retrair, por sentimento de desconfiança, hostilidade e desagrado.

Na proporção em que requisita mais *feedback* do que aciona a auto-exposição, mais solidifica o Eu secreto, aparentando ser superficial e distante.

Esse tipo de conduta pode ser provocado por inúmeros motivos, como: medo de não receber apoio dos demais; não receber aprovação do grupo e medo de que seus verdadeiros sentimentos não sejam apreciados. Em outras palavras, medo de não alcançar reconhecimento.

A projeção desse tipo de auto-imagem mostra insegurança e desejo de manipulação das pessoas, pela retenção propositada de informações esclarecedoras.

Em ambiente profissional podem ser geradas situações de permissividade distorcida, ou em excesso, em que todos opinam e fornecem *feedback*, sem o competente processo de auto-exposição, o que pode criar estados de tensão e de sentimentos negativos.

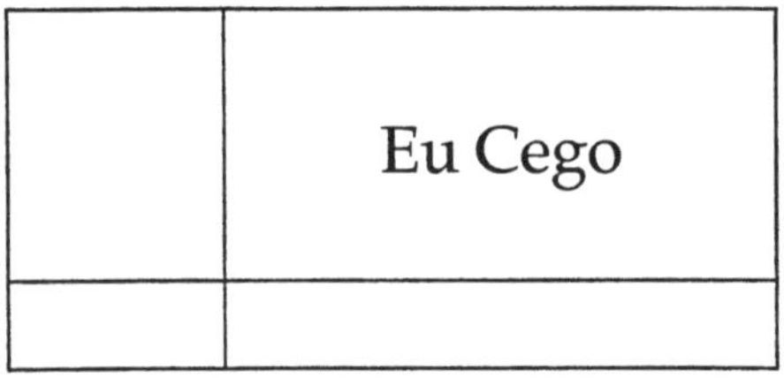

Nesta figura o indivíduo se expõe excessivamente; usa muita auto-exposição e solicita pouco *feedback*. Participa bastante, dentro do grupo, pedindo pouco e dando informações em excesso. Expõe tudo o que pensa sobre as pessoas, suas sensações a respeito delas, e deixa claro que lugar quer ocupar no grupo. Critica a todos, dando idéia de franqueza, construtividade e honestidade.

O grupo, por seu lado, analisa esse indivíduo de forma bem diferente. Acha-o egocêntrico, autoritário e insensível, julgando-se lesados em seus direitos, prejudicados no fator "consideração" e, por isso, se colocam na defensiva em relação a ele.

Esse comportamento tende a manter — e até a ampliar — o Eu cego, levando o grupo a reter informações importantes e a filtrar o fornecimento de *feedback*, incentivando a manutenção de atuações ineficazes em face da escassez do *feedback* que poderia beneficiá-lo.

Essa conduta traz também — por detrás — razões psicológicas, como, por exemplo, o medo de perder o poder e a autoridade sobre os demais.

Embora exercendo função de proteção, essa prática propicia reações prejudiciais à produtividade, porque causa ressentimentos, hostilidades e, no decorrer do processo, abala a confiança mútua, causando apatia, o que atrapalha a criatividade de todos.

No decorrer desse processo o usuário amplia cada vez mais sua área *cega*, o que o impede de exercer bem seu papel.

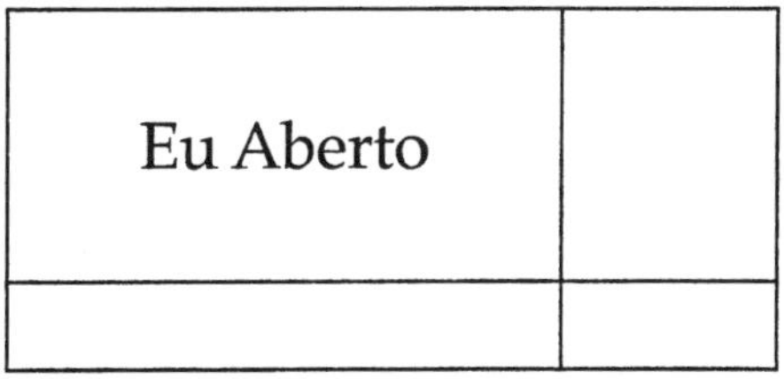

Esta figura já é bem mais estável; mostra larga utilização de ambos os processos, o que o torna bastante equilibrado. Podemos verificar ampla abertura de *feedback* e auto-exposição permeando a entrada de franqueza e empatia diante das necessidades do grupo. A atuação do indivíduo é limpa e aberta para os outros, permitindo menor margem para erros de interpretação dos demais. A área mais ampla é do Eu aberto, propiciando livre atividade, trazendo perspectivas de maior produtividade e menos desconfiança.

No início esse posicionamento pode produzir algumas posições de defesa por algum membro do grupo, por não estar acostumado a relações interpessoais autênticas, mas, ao longo do tempo, a tendência é de estabelecimento eficaz, significativo e harmonioso, de convivência.

Esse procedimento propicia o trânsito de informações das áreas Cega e Secreta para as áreas livres, trazendo condições úteis para todos. Nestas circunstâncias, informações são trazidas da área desconhecida para a área livre, promovendo autoconhecimento. Dessa forma criaram-se melhores condições de produtividade e camaradagem, num ambiente de respeito e, portanto, de harmonia.

TESTE DE JOHARE

GRÁFICO 1
EU ME VEJO

Assinale um número de 1 a 7 que mais se aproxime de como você se vê hoje. Quanto mais você se aproxime do 1 ou do 7, mais radical está sendo com os conceitos da esquerda ou da direita, respectivamente.

1. Criativo	——→	1 2 3 4 5 6 7	←——	Não Criativo
2. Organizado	——→	1 2 3 4 5 6 7	←——	Desorganizado
3. Introvertido	——→	1 2 3 4 5 6 7	←——	Extrovertido
4. Cuidadoso	——→	1 2 3 4 5 6 7	←——	Descuidado
5. Previsível	——→	1 2 3 4 5 6 7	←——	Imprevisível
6. Emotivo	——→	1 2 3 4 5 6 7	←——	Racional
7. Dinâmico	——→	1 2 3 4 5 6 7	←——	Acomodado
8. Tradicional	——→	1 2 3 4 5 6 7	←——	Moderno
9. Controlado	——→	1 2 3 4 5 6 7	←——	Impulsivo
10. Sisudo	——→	1 2 3 4 5 6 7	←——	Sorridente
11. Irritadiço	——→	1 2 3 4 5 6 7	←——	Calmo
12. Sociável	——→	1 2 3 4 5 6 7	←——	Individualista
13. Indiferente	——→	1 2 3 4 5 6 7	←——	Atencioso
14. Rigoroso	——→	1 2 3 4 5 6 7	←——	Condescendente
15. Crédulo	——→	1 2 3 4 5 6 7	←——	Incrédulo
16. Negativo	——→	1 2 3 4 5 6 7	←——	Positivo
17. Ansioso	——→	1 2 3 4 5 6 7	←——	Tranqüilo
18. Modesto	——→	1 2 3 4 5 6 7	←——	Ativo
19. Político	——→	1 2 3 4 5 6 7	←——	Direto
20. Egoísta	——→	1 2 3 4 5 6 7	←——	Altruísta
21. Detalhista	——→	1 2 3 4 5 6 7	←——	Desatento
22. Ambicioso	——→	1 2 3 4 5 6 7	←——	Despendido
23. Brincalhão	——→	1 2 3 4 5 6 7	←——	Sério
24. Corajoso	——→	1 2 3 4 5 6 7	←——	Cauteloso
25. Líder	——→	1 2 3 4 5 6 7	←——	Liderado
26. Ditador	——→	1 2 3 4 5 6 7	←——	Democrata
27. Conquistador	——→	1 2 3 4 5 6 7	←——	Tímido
28. Eloqüente	——→	1 2 3 4 5 6 7	←——	Calado
29. Simples	——→	1 2 3 4 5 6 7	←——	Sofisticado
30. Equilibrado	——→	1 2 3 4 5 6 7	←——	Instável
31. Idealista	——→	1 2 3 4 5 6 7	←——	Realista
32. Dependente	——→	1 2 3 4 5 6 7	←——	Independente
33. Empreendedor	——→	1 2 3 4 5 6 7	←——	Inseguro
34. Carinhoso	——→	1 2 3 4 5 6 7	←——	Áspero

GRÁFICO 2
GOSTARIA DE ESTAR

1. Criativo	⟶ 1 2 3 4 5 6 7 ⟵	Não Criativo
2. Organizado	⟶ 1 2 3 4 5 6 7 ⟵	Desorganizado
3. Introvertido	⟶ 1 2 3 4 5 6 7 ⟵	Extrovertido
4. Cuidadoso	⟶ 1 2 3 4 5 6 7 ⟵	Descuidado
5. Previsível	⟶ 1 2 3 4 5 6 7 ⟵	Imprevisível
6. Emotivo	⟶ 1 2 3 4 5 6 7 ⟵	Racional
7. Dinâmico	⟶ 1 2 3 4 5 6 7 ⟵	Acomodado
8. Tradicional	⟶ 1 2 3 4 5 6 7 ⟵	Moderno
9. Controlado	⟶ 1 2 3 4 5 6 7 ⟵	Impulsivo
10. Sisudo	⟶ 1 2 3 4 5 6 7 ⟵	Sorridente
11. Irritadiço	⟶ 1 2 3 4 5 6 7 ⟵	Calmo
12. Sociável	⟶ 1 2 3 4 5 6 7 ⟵	Individualista
13. Indiferente	⟶ 1 2 3 4 5 6 7 ⟵	Atencioso
14. Rigoroso	⟶ 1 2 3 4 5 6 7 ⟵	Condescendente
15. Crédulo	⟶ 1 2 3 4 5 6 7 ⟵	Incrédulo
16. Negativo	⟶ 1 2 3 4 5 6 7 ⟵	Positivo
17. Ansioso	⟶ 1 2 3 4 5 6 7 ⟵	Tranqüilo
18. Modesto	⟶ 1 2 3 4 5 6 7 ⟵	Ativo
19. Político	⟶ 1 2 3 4 5 6 7 ⟵	Direto
20. Egoísta	⟶ 1 2 3 4 5 6 7 ⟵	Altruísta
21. Detalhista	⟶ 1 2 3 4 5 6 7 ⟵	Desatento
22. Ambicioso	⟶ 1 2 3 4 5 6 7 ⟵	Despendido
23. Brincalhão	⟶ 1 2 3 4 5 6 7 ⟵	Sério
24. Corajoso	⟶ 1 2 3 4 5 6 7 ⟵	Cauteloso
25. Líder	⟶ 1 2 3 4 5 6 7 ⟵	Liderado
26. Ditador	⟶ 1 2 3 4 5 6 7 ⟵	Democrata
27. Conquistador	⟶ 1 2 3 4 5 6 7 ⟵	Tímido
28. Eloqüente	⟶ 1 2 3 4 5 6 7 ⟵	Calado
29. Simples	⟶ 1 2 3 4 5 6 7 ⟵	Sofisticado
30. Equilibrado	⟶ 1 2 3 4 5 6 7 ⟵	Instável
31. Idealista	⟶ 1 2 3 4 5 6 7 ⟵	Realista
32. Dependente	⟶ 1 2 3 4 5 6 7 ⟵	Independente
33. Empreendedor	⟶ 1 2 3 4 5 6 7 ⟵	Inseguro
34. Carinhoso	⟶ 1 2 3 4 5 6 7 ⟵	Áspero

Gráfico 3
Como aparento ser para os outros

Peça para alguém lhe dar as notas.

1. Criativo	⟶	1 2 3 4 5 6 7	⟵	Não Criativo
2. Organizado	⟶	1 2 3 4 5 6 7	⟵	Desorganizado
3. Introvertido	⟶	1 2 3 4 5 6 7	⟵	Extrovertido
4. Cuidadoso	⟶	1 2 3 4 5 6 7	⟵	Descuidado
5. Previsível	⟶	1 2 3 4 5 6 7	⟵	Imprevisível
6. Emotivo	⟶	1 2 3 4 5 6 7	⟵	Racional
7. Dinâmico	⟶	1 2 3 4 5 6 7	⟵	Acomodado
8. Tradicional	⟶	1 2 3 4 5 6 7	⟵	Moderno
9. Controlado	⟶	1 2 3 4 5 6 7	⟵	Impulsivo
10. Sisudo	⟶	1 2 3 4 5 6 7	⟵	Sorridente
11. Irritadiço	⟶	1 2 3 4 5 6 7	⟵	Calmo
12. Sociável	⟶	1 2 3 4 5 6 7	⟵	Individualista
13. Indiferente	⟶	1 2 3 4 5 6 7	⟵	Atencioso
14. Rigoroso	⟶	1 2 3 4 5 6 7	⟵	Condescendente
15. Crédulo	⟶	1 2 3 4 5 6 7	⟵	Incrédulo
16. Negativo	⟶	1 2 3 4 5 6 7	⟵	Positivo
17. Ansioso	⟶	1 2 3 4 5 6 7	⟵	Tranqüilo
18. Modesto	⟶	1 2 3 4 5 6 7	⟵	Ativo
19. Político	⟶	1 2 3 4 5 6 7	⟵	Direto
20. Egoísta	⟶	1 2 3 4 5 6 7	⟵	Altruísta
21. Detalhista	⟶	1 2 3 4 5 6 7	⟵	Desatento
22. Ambicioso	⟶	1 2 3 4 5 6 7	⟵	Despendido
23. Brincalhão	⟶	1 2 3 4 5 6 7	⟵	Sério
24. Corajoso	⟶	1 2 3 4 5 6 7	⟵	Cauteloso
25. Líder	⟶	1 2 3 4 5 6 7	⟵	Liderado
26. Ditador	⟶	1 2 3 4 5 6 7	⟵	Democrata
27. Conquistador	⟶	1 2 3 4 5 6 7	⟵	Tímido
28. Eloqüente	⟶	1 2 3 4 5 6 7	⟵	Calado
29. Simples	⟶	1 2 3 4 5 6 7	⟵	Sofisticado
30. Equilibrado	⟶	1 2 3 4 5 6 7	⟵	Instável
31. Idealista	⟶	1 2 3 4 5 6 7	⟵	Realista
32. Dependente	⟶	1 2 3 4 5 6 7	⟵	Independente
33. Empreendedor	⟶	1 2 3 4 5 6 7	⟵	Inseguro
34. Carinhoso	⟶	1 2 3 4 5 6 7	⟵	Áspero

Gráfico 4

	Resp. do gráfico 1 –	Resp. do gráfico 2 =	Resultado
1.			
2.			
3.			
4.			
5.			
6.			
7.			
8.			
9.			
10.			
11.			
12.			
13.			
14.			
15.			
16.			
17.			
18.			
19.			
20.			
21.			
22.			
23.			
24.			
25.			
26.			
27.			
28.			
29.			
30.			
31.			
32.			
33.			
34.			
		Total	

Independentemente do resultado obtido, os números da coluna do resultado deverão ser lidos como positivos. Após preencher a tabela, somar a coluna do resultado; obtendo o total, confira com a tabela a seguir.

Abaixo de 10 — Cuidado com a presunção. Eu cego

Entre 10 e 30 — Você está consciente

Acima de 31 — Eu secreto. Está descontente consigo mesmo. Não exagere

GRÁFICO 5

	Resp. do gráfico 1	– Resp. do gráfico 3	= Resultado
1.			
2.			
3.			
4.			
5.			
6.			
7.			
8.			
9.			
10.			
11.			
12.			
13.			
14.			
15.			
16.			
17.			
18.			
19.			
20.			
21.			
22.			
23.			
24.			
25.			
26.			
27.			
28.			
29.			
30.			
31.			
32.			
33.			
34.			
		Total	

Independentemente do resultado obtido, os números da coluna do resultado deverão ser lidos como positivos. Após preencher a tabela, somar a coluna do resultado; obtendo o total, confira com a tabela a seguir.

Abaixo de 10 — Eu aberto. As pessoas o vêem como é
Entre 10 e 30 — Eu cego. Peça e dê mais *feedback*
Acima de 31 — Cuidado. Muitos ajustes serão necessários

Faça uma reflexão e procure verificar:
Em casa prevalece o eu:

____

Preciso: ______________________________________

______________________ para melhorar o relacionamento.

No trabalho prevalece o eu:

____

Preciso: ______________________________________

______________________ para melhorar o relacionamento.

Descubra os motivos que levam uma pessoa a agir

Poderemos com maior facilidade entender o significado motivacional dos comportamentos e os objetivos para os quais são dirigidos conhecendo as necessidades comumente não-satisfeitas. Maslow sugere — em sua Teoria da Hierarquia das Necessidades — que há cinco sistemas básicos de necessidades capazes de explicar o comportamento humano. Essas necessidades encontram-se dispostas em ordem hierárquica.

Maslow afirma que os indivíduos apresentam uma tendência natural de se conscientizar da existência desses sistemas de necessidades e de ser por eles motivados em ordem crescente. O crescimento de uma pessoa, através dos sistemas de necessidades, pode ser comparado ao ato de alguém subir os degraus de uma escada, um de cada vez. As pessoas somente tomam consciência de cada necessidade quando a imediatamente inferior foi satisfeita adequadamente. Essa hierarquia em que se organizam as necessidades humanas pode ser esquematizada como segue:

Necessidades básicas: Correspondem às necessidades básicas para manutenção da vida — alimento, roupa, abrigo. Esse sistema reflete uma preocupação constante do indivíduo com

o bem-estar, o desgaste físico e mental, condições de trabalho agradáveis e conforto ambiental. O interesse pelo dinheiro ocorre na medida em que é facilitada a obtenção de bens materiais para o conforto próprio e o da família. Quando uma pessoa se deixa motivar e estimular por esse sistema de necessidades, ela na realidade se preocupa com assuntos que não têm relação direta com o trabalho. Quando quem lidera adota esse sistema de necessidades como instrumento básico para supervisionar pessoas, sua pressuposição é a de que elas trabalham somente procurando obter recompensas e se interessam muito mais em evitar a fadiga em ambientes físicos desconfortáveis. Na medida em que as necessidades básicas começam a ser atendidas, as necessidades de segurança passam a ganhar relevo, motivando e dominando o comportamento.

Necessidades de segurança: Consistem fundamentalmente em estar livre do medo do perigo físico e da privação das necessidades fisiológicas básicas. Aparece agora a preocupação com o futuro. Conseguirei a preservação de minha propriedade e de meu emprego de forma a assegurar alimento e abrigo amanhã e depois? Se a segurança de um homem está em perigo, outras coisas parecem pouco importantes. Os indivíduos com necessidade de segurança intensa apresentam grande interesse por planos de benefícios de natureza protetora, tais como seguros de saúde, planos de aposentadoria etc. Visualiza o trabalho, por exemplo, como uma defesa contra privações e em favor da condição de satisfazer as necessidades básicas de conforto humano. Esse sistema de necessidades também envolve assuntos que não têm relação direta com a natureza do trabalho em si, sendo satisfatório qualquer tipo de emprego que proporcione segurança, ordem e proteção a longo prazo. Esses indivíduos adotarão comportamentos padronizados, fugindo à flexibilidade e criatividade, por medo de assumir riscos que possam prejudicar sua segurança. Uma vez que as necessidades fisiológicas e de segurança se encontrem razoavelmente satisfeitas, as necessidades sociais aparecerão como dominantes.

Necessidades sociais: O homem é um animal social por excelência e tem, portanto, necessidade de participar de vários grupos e de ser aceito por estes. É o sistema de necessidades que reflete a preocupação do indivíduo com relacionamentos sociais e em aliar-se e ser recebido como membro de grupos de trabalho, de amigos, de familiares etc. Ele valoriza atividades que ofereçam possibilidades de descobrir e estabelecer relações interpessoais harmoniosas. Funções que favoreçam a interação do indivíduo com seus semelhantes serão extremamente valorizadas. Os supervisores e gerentes que se identificam com esse sistema costumam agir de modo permissivo e apoiador, ao mesmo tempo que enfatizam sobremaneira as atividades de grupos informais, como programas esportivos organizados, excursões, piqueniques, jogos etc. Se esse sistema de necessidades for de fato a principal fonte motivadora dos empregos, sua manutenção conduzirá a um nível razoavelmente elevado de satisfação e lealdade, mas poderá fazer-se acompanhar de queda do desempenho, pois o empregado terá sua atenção desviada do trabalho e focalizada nas relações sociais, com a aprovação do superior.

Necessidade de reconhecimento e estima: Depois que um indivíduo começa a satisfazer as necessidades de participação, geralmente deseja ser mais do que apenas um membro do grupo. Ele sente a necessidade de ser estimado e reconhecido pelos integrantes do grupo como alguém de valor; às vezes, as pessoas são incapazes de satisfazer, através de comportamento construtivo, suas necessidades de reconhecimento e estima. O elemento adota comportamentos agressivos ou imaturos a fim de atrair atenção para si — uma criança pode ter acesso de raiva, um empregado poderá tornar-se inconveniente no serviço. Na realidade, alguns dos problemas sociais que hoje enfrentamos podem ter suas razões na frustração da necessidade de estima. Este é o primeiro sistema de necessidades que se relaciona estreitamente com a natureza do trabalho ou qualquer atividade do indivíduo. As funções que lhe permitem mostrar aptidões em que ele se acredita competente e que lhe são importantes serão por ele favorecidas como fator de satisfação de suas necessidades para motivar os outros; são calculados na ênfase do reconhecimento, da premiação em público pelos serviços do empregado, no elogio, no destaque à habilidade requerida para atingir o sucesso etc.

Necessidade de auto-realização: Uma vez que as necessidades de estima comecem a ser adequadamente satisfeitas, as necessidades de auto-realização passam a ganhar importância. A necessidade de auto-realização é a necessidade de realizar o máximo de potencial individual, qualquer que seja: um músico deve fazer música, um general precisa ganhar batalhas, um professor necessita ensinar. Segundo Maslow, o desejo de auto-realização é o desejo que o indivíduo tem de tornar-se aquilo que é capaz de ser. Esse sistema de necessidades reflete a preocupação da pessoa em desenvolver suas potencialidades ao grau mais elevado possível, por meio da implementação de tarefas desafiantes e plenas de criatividade. O líder que adota esse sistema ao procurar motivar as pessoas que estejam ligadas a ele deve usar algumas técnicas para tornar o trabalho mais significativo: deve envolvê-las em tomadas de decisão, designar responsabilidades que capitalizem as capacidades mais importantes das pessoas, delegar tarefas de forma eficaz etc.

Conclusão: É de capital importância ficar bem claro que se um nível de necessidades for de algum modo satisfeito, outras necessidades aparecerão como predominantes. Um nível de necessidades não precisa ser inteiramente satisfeito para que outro passe a dominar. Na verdade, em nossa sociedade quase todas as pessoas tendem a ser parcialmente insatisfeitas em cada nível, e a maior satisfação tende a ocorrer nos sistemas fisiológicos e de segurança, mais do que nos níveis das necessidades sociais, de estima e auto-realização.

O esquema preconizado por Maslow apresenta diferenças quanto aos tipos de necessidades predominantes, dependendo do nível de cultura e desenvolvimento sócio-econômico de um povo. Evidentemente, se considerarmos um povo subdesenvolvido, como o de alguns países da África, por exemplo, verificaremos que as necessidades básicas e de segurança são mais importantes que as restantes. O inverso ocorre nos países altamente desenvolvidos, como os EUA ou alguns países da Europa.

As pessoas que estiverem sendo motivadas em níveis de necessidades não coerentes com suas reais necessidades de motivação se tornarão automaticamente apáticas, ressentidas, rebeldes e, como conseqüência óbvia, não trabalharão com a eficácia esperada.

Os especialistas afirmam, porém, que as pessoas, nos dias de hoje, são motivadas mais facilmente pela atenção dada às suas necessidades de reconhecimento, desde que estejam razoavelmente bem atendidas suas necessidades básicas e de segurança.

Identificando as necessidades

Assinale o peso que deve dar a cada afirmação, seguindo os critérios abaixo:

+3 Estou totalmente de acordo.
+2 Estou de acordo.
+1 Estou de acordo, mas com algumas restrições.
0 Não tenho certeza.
-1 Não concordo, em princípio; concordaria em alguma circunstância especial.
-2 Não concordo.
-3 Sou radicalmente contra essa afirmação.

	+3	+2	+1	0	-1	-2	-3
1) Acho que, assim como eu, a grande maioria das pessoas gosta de receber gratificações em dinheiro quando realizam bem aquilo a que se propuseram.							
2) O aconchego familiar é o valor maior para mim.							
3) As condições físicas (temperatura, conforto, alimentação) devem ser observadas e cuidadas, antes de exigir-se que uma pessoa produza algo ou seja bem-humorada.							
4) Se eu ganhasse 1 milhão de reais na loteria, antes de mais nada encheria meu bolso de dinheiro, viajaria, ficaria hospedado em hotéis 5 estrelas e comeria nos melhores restaurantes; depois veria o que fazer com o resto do dinheiro.							
5) Acho que, quando uma pessoa recebe financeiramente o que precisa para viver bem, o registro em carteira torna-se dispensável.							

	+3	+2	+1	0	-1	-2	-3
6) As empresas que fornecem benefícios — planos de saúde e de aposentadoria — mantêm seus funcionários por mais tempo e mais satisfeitos.							
7) Se eu ganhasse na loteria, a primeira coisa que faria seria colocar todo o dinheiro na poupança; depois compraria uma casa para mim e talvez para minha família.							
8) Para que as pessoas possam produzir, é primordial que se sintam seguras em seus empregos.							
9) É importante que seja muito bem descrito o que se espera de uma pessoa, em qualquer função, para que ela possa responder às expectativas.							
10) Correr riscos é algo que, em minha escala de valores, está em último plano.							
11) Desenvolvo melhor qualquer atividade quando a realizo em equipe.							
12) A criação de grupos informais, como equipes desportivas, reuniões de lazer etc., torna as pessoas mais integradas e produtivas.							
13) As empresas deveriam ser, sempre, uma grande família.							
14) Se eu ganhasse na loteria, antes de mais nada reuniria um grupo de amigos (ou familiares) e faria uma viagem, ou uma grande festa; depois veria o que fazer com o dinheiro.							
15) Por meus amigos eu corro riscos, pois eles são muito preciosos para mim.							
16) Disputas agradam-me, principalmente se houver condição de sagrar-me vencedor. Todos gostam de troféus e medalhas.							
17) Acho que quando alguém faz algo bem feito, deve ser elogiado e exaltado de alguma forma, pois isso alimenta a vontade de dar continuidade ao que está sendo feito.							

	+3	+2	+1	0	-1	-2	-3
18) Se eu ganhasse na loteria, talvez comprasse um carro de luxo, ou uma casa no alto de uma montanha, ou à beira-mar.							
19) Gosto de correr riscos; a idéia de sair vencedor faz-me — às vezes — até esquecer de comer.							
20) Acredito que a direção de uma empresa precisa sempre saber quem são seus melhores empregados.							
21) Quanto menor a supervisão sobre os funcionários, melhor cada um sabe o que fazer e como aprimorar seu próprio trabalho.							
22) Ter orgulho daquilo que se faz é a maior recompensa, em qualquer atividade.							
23) Se eu ganhasse na loteria não mudaria de atividade; pelo contrário, poderia com mais tranqüilidade aprofundar-me nela.							
24) Gosto de desafios, de correr riscos, pois saber que superei obstáculos me causa prazer inigualável, mesmo que ninguém o saiba.							
25) A grande maioria das pessoas gosta de dar o máximo de si em tudo o que faz.							

Qual o seu maior motivo para ação?

1. Transcreva os números assinalados no gráfico abaixo para os espaços correspondentes à afirmativa a que se referem. Some algebricamente, inserindo os totais nos espaços apropriados.

Necessidades do tipo A
Afirmativas:
1 ( ) 2 ( ) 3 ( ) 4 ( ) 5 ( ) total = ( )

Necessidades do tipo B
Afirmativas:
6 ( ) 7 ( ) 8 ( ) 9 ( ) 10 ( ) total = ( )

Necessidades do tipo C
Afirmativas:
11 ( ) 12 ( ) 13 ( ) 14 ( ) 15 ( )   total = (   )

Necessidades do tipo D
Afirmativas:
16 ( ) 17 ( ) 18 ( ) 19 ( ) 20 ( )   total = (   )

Necessidades do tipo E
Afirmativas:
21 ( ) 22 ( ) 23 ( ) 24 ( ) 25 ( )   total = (   )

– Não existe certo ou errado, melhor ou pior. Os pontos mais altos representam para você o motivo maior para ação neste momento.

– Pontos negativos muito baixos requerem atenção.

– Lembre-se: o motivo para ação de cada pessoa é diferente; cuidado para não subestimar aquilo que é importante e motiva os outros.

	Necessidades Básicas Tipo A	Necessidades de Segurança Tipo B	Necessidades Sociais Tipo C	Necessidades de Reconhecimento e Estima Tipo D	Necessidades de Auto-realização Tipo E
+12					
+11					
+10					
+9					
+8					
+7					
+6					
+5					
+4					
+3					
+2					
+1					
0					
-1					
-2					
-3					
-4					
-5					
-6					
-7					
-8					
-9					
-10					
-11					
-12					

Segunda Parte

5

Princípio de grandes mudanças

A importância dos canais de comunicação

Cada pessoa pensa, fala, age e reage segundo seus padrões de linguagem mental. Nem todos percebem, mas todos nós dialogamos com nós mesmos em pensamento. Algumas vezes temos longas conversas com nosso Eu. Isso ocorre comumente durante os sonhos.

São esses padrões que determinam nossa conduta no dia-a-dia. É por aí que se pode determinar qual o canal preferencial de comunicação de cada um. A questão se resume em: Você tem consciência de qual é seu canal preferencial? Sabe identificá-lo facilmente? É capaz de identificar, de pronto, qual o canal preferencial de cada uma das pessoas com as quais interage diuturnamente? Sabe localizar seu canal "bruxo"? E o canal "bruxo" de seus interlocutores?

Ao tornar-se capaz de responder a essas perguntas você estará vários passos adiante dos mortais que não são capazes de fazê-lo. Não há limites para as vantagens obtidas por aqueles que dominam essas técnicas, pois só somos limitados pelos limites que nós próprios colocamos em nossa vida.

Embora atuemos — consciente ou inconscientemente — com alguns outros mais sutis, fisicamente são cinco os nossos sentidos de atuação; contudo, o olfato e o paladar são pouco desenvolvidos no ser humano, além de só serem usados em situações restritas e específicas.

No mundo selvagem os animais predadores localizam e rastreiam suas presas pelo olfato; as vítimas dessas feras as identificam pelo olfato. Mais ainda: a procriação entre esses animais só se dá na época do cio, quando as fêmeas segregam um odor peculiar que é registrado pelo olfato dos machos. O uso desse sentido é de vital importância para a sua sobrevivência.

Logo que apareceu na Terra, o *Homo sapiens*[1] também dependeu enormemente do olfato para pressentir, fugir ou perseguir os outros animais. Usou o paladar para selecionar o que podia e o que não podia comer, entre as ervas que cresciam ao seu redor. Com a chegada da civilização, porém, a necessidade do uso desses dois sentidos foi deixando de existir. Com a modernidade o homem deixou a selva e, com o progresso, passou a ter quase tudo pronto, à disposição; com isso foi perdendo a capacidade de utilizar o olfato, que acabou por se atrofiar. Essa situação foi agravada com a chegada das máquinas poluidoras, que acabaram por quase destruir a capacidade humana de identificar odores. Assim, ficamos limitados a compreender o mundo pelo que vemos, pelo que ouvimos e pelo senso de ação-sensação-movimento. Praticamente restrito a esses três sensores, o *Homo sapiens* os põe em prática, enfatizando o uso daquele ao qual melhor se adapta.

Aquele que aprendeu a perceber e analisar as coisas pelo órgão da visão é identificado pela PNL como "visual"; quem assimila e atua melhor por meio do que ouve é "auditivo"; e aquele que trabalha melhor usando o senso de ação-sensação-movimento é chamado "cinestésico".

---

1. Homem sábio, na nomenclatura de Lineu (Carl von Linné, naturalista sueco, 1707-1778), é o nome científico da espécie humana. (Cf. *Pequeno Dicionário Enciclopédico Koogan Larousse.*) (N. da A.)

A partir dos dados aqui colocados talvez você já possa ter uma idéia de qual é o seu canal preferencial, mas se ainda não conseguiu, fique tranqüilo. Nesta parte do livro, em que falaremos sobre PNL, você terá informações suficientes para descobrir qual o seu canal preferencial, qual o "bruxo", e como trabalhar com todos eles de forma harmônica e construtiva.

Ao prestar maior atenção à forma como atuam esses três sensores, você começará a fortalecer, de modo consciente, sua capacidade de comunicação, descortinando um mundo novo, pleno de experiências novas. Ouça o som dos alimentos, ao ser mastigados; sinta a textura do tecido das roupas ao vesti-las; procure observar — com detalhes — a gesticulação e a movimentação do corpo de seu interlocutor, bem como sua expressão facial.

Aquele que é capaz de observar mais atentamente o universo de informações ao seu redor enriquece seu mundo interior.

Essa é uma característica indispensável ao líder 24 horas por dia.

6

Programação neurolingüística — uma linguagem de poder

Seja seu próprio líder para se tornar campeão

Tome posse de você; seja seu próprio dono. Para poder ter equilíbrio em todas as áreas de sua vida você precisa ter controle sobre seus talentos e habilidades; para isso é importante fazer bom uso dos três canais de comunicação que, em programação neurolingüística, são chamados: canal *auditivo*, canal *visual* e canal *cinestésico*.

Ao comunicarmo-nos com as pessoas, formamos nossa escala de valores, ampliamos nossos conhecimentos, registramos as coisas que nos são importantes, procuramos evidenciar nossa personalidade; enfim, mantemos contato com o mundo, e isso ocorre — segundo Bandler e Grinder — da seguinte forma:

Quando alguém nos transmite uma mensagem, ela é decodificada pela mente e registrada no cérebro, seguindo determinados padrões, cujos valores são distribuídos pelos três canais. Embora atuemos sempre com os três, há um deles com o qual trabalhamos melhor e com maior sucesso. É chamado canal *preferencial*. Em contrapartida, temos um canal com o qual não lidamos com a mesma facilidade; a ele denominamos canal *"bruxo"*.

Há pessoas que conseguem transmitir com naturalidade suas mensagens quando em contato direto com outras. É o caso, por exemplo, daquele homem que, numa roda de amigos, conta com naturalidade como pescou aquele peixe "deste tamanho"; ou daquela moça que diz às amigas como conquistou o "gatão do pedaço". Mas não têm a mesma facilidade quando precisam fazê-lo por telefone. Alguns homens públicos são brilhantes em suas falas, se têm à frente um público vibrante, mas quase entram em pânico se têm diante de si apenas um microfone e a parede do estúdio. Há escritores famosos, verdadeiros gênios com a caneta na mão, mas que se tornam desajeitados se têm à mão um microfone. É comum o presidente de um país ter à disposição um assessor encarregado de escrever seus discursos, pois aquele que tem nas mãos as rédeas de uma nação nem sempre tem domínio sobre a pena com a qual deverá tornar públicos seus desígnios de comandante. Aliás, essa assertiva é fácil de ser comprovada quando se assiste a um programa de propaganda política gratuita, transmitido pelo rádio e pela tevê.

Daí o sucesso das empresas que ministram cursos de oratória, quando esses cursos são efetivos e confiáveis.

Você provavelmente estará imaginando, neste instante, qual é seu canal preferencial, e qual deles é o bruxo.

Antes de identificá-los, veja as ilustrações a seguir:

Imagine o que ele deve estar pensando!...

Agora, imagine o que ela deve estar pensando. Suponha, contudo, que alguma circunstância os coloque frente a frente, ele a convide para sair, e ela aceite.

No primeiro encontro ele lhe oferece...

...flores. Para ela, isso pode ter um significado especial: pode significar compromisso sério. Ela poderá estar pensando: "Demorou, mas eu consegui!".

E ele, o que estará pensando?

Bem... Pode ser que ele esteja pensando: "Esta já está no papo! Ganhei a gatinha" (ou qualquer coisa do gênero).

Qual poderá ser a conseqüência disso?

Ele parece estar pensando: "Onde eu fui me meter?".

Ela parece estar pensando: "Não era bem isto que eu queria!".

Além de o significado das palavras e de as coisas serem diferentes para cada pessoa, o canal preferencial trabalha como se fosse um filtro. Ele elimina, distorce ou generaliza, conforme a situação, o momento, ou a necessidade, e isso acaba por empobrecer o modelo de mundo de cada um. Confusões como as que foram mostradas nos quadrinhos ocorrem com freqüência em qualquer área da vida, mostrando que — diante de um mesmo fato — seu significado chega, a cada um, de forma diferente. Quando idéias diferentes se chocam — em situações em que não há volta —, o mundo interno de cada um dos protagonistas fica empobrecido, e isso pode trazer conseqüências graves ao mundo exterior de cada um deles.

Use seus três canais

Elimine 95% dos conflitos interpessoais

Para viver bem com o mundo exterior é preciso estar bem em seu mundo interior. Vamos ver como utilizar os três canais para identificar o que você deseja da vida e como pode ser seu próprio dono.

Bem ou mal, sempre trabalhamos com os três canais; porém, desde o nascimento até por volta dos sete ou oito anos, nosso canal preferencial é o cinestésico. Os outros canais — embora existentes — praticamente não atuam.

A criança entende bem a linguagem do amor, da raiva, da carícia, do toque. Uma criança compreenderá, por exemplo, a tabuada se lhe for mostrado que três maçãs mais duas maçãs perfazem cinco maçãs, quando somadas.

Esta é uma atuação regida pelo canal cinestésico. Ela percebe, compreende e valoriza tudo aquilo que experimenta. Nesta fase são importantes, para ela, as coisas que lhe causam prazer. É comum algumas mães ficarem nervosas e preocupadas, exclamando: "Não sei mais o que fazer; meu filho é muito bagunceiro; não pára um minuto! Já fiz de tudo: coloquei-o de castigo, ralhei com ele, mas nada adiantou". É importante salientar que essa criança ainda não está "madura" para perceber e valorizar o sentido de organização.

Por volta dos oito ou nove anos tem início o desenvolvimento do canal visual; a criança passa a apresentar mudanças de comportamento, começando a julgar o que se passa ao seu redor. Ela percebe sua aparência física. Passa a valorizar o que é "bonito". Observa-se mais, diante do espelho; dá maior importância à sua aparência, aos detalhes — como o corte de cabelo e a combinação das roupas.

Dos treze aos dezessete anos desenvolve-se o canal auditivo; muda mais ainda o comportamento. Nesse ponto costumam aparecer os choques entre pais e filhos; os pais começam a não entender o comportamento dos adolescentes. Se a criança de sete anos gosta de abraçar os pais, de se pendurar no pescoço deles — atuação do canal cinestésico —, lá pelos nove ou dez anos passa a cumprimentá-los de longe, com um simples "Oi!". Ai do pai que ousar abraçá-lo ou desmanchar-lhe o cabelo. Ele só sai de casa quando se acha adequadamente "paramentado", de acordo com o que ele chama "moda". Se a roupa não combina com o programa que ele quer fazer, não há quem o faça usá-la, principalmente se for encontrar a "turma" — atuação do canal visual. Quando chega aos treze, catorze anos, mais ou menos, parece-lhe o maior absurdo a mãe pedir-lhe um beijo; quando muito atira um beijo de longe, displicentemente, como se fosse uma grande concessão. Se o pai ou a mãe tiverem o canal cinestésico como preferencial, irão se sentir ofendidos, menosprezados, "passados para trás", mas para o adolescente isso é a coisa mais natural e lógica; é o único comportamento que ele considera natural. Nesse momento não é difícil um dos pais partir para a chantagem emocional:

Mãe: Sua mãe já não merece um beijo do filho que ela tanto quer?

Filho: Ih, mãe! Qual é?

Ela: É isso! Beijo, agora, só pra namoradinha, não é? Aquela lambisgóia, toda cheia de fricotes!

Ele: Mãe, não enche, tá?

Pronto! Está formada a confusão; a mãe ainda julga necessário o carinho dele, mas, para ele, isso já não se justifica, não dá prazer, não é gostoso.

As mudanças de comportamento que ocorrem entre os cinco e os quinze anos são brutais, para os pais e os filhos. Se aquele garotinho de seis anos entra no quarto, pedindo para dormir na cama do casal — no meio deles dois —, para ele isso é muito natural. Se a mãe o mandar de volta para o seu quarto, pretextando que ele já é muito grande para isso, o garoto sairá amuado, cabisbaixo, pensando: "Minha mãe não gosta mais de mim! Ela não me faz mais carinho, não me deixa dormir com ela, não faz mais nada para mim, só me manda de volta pro meu quarto!".

É comum os pais agirem de acordo com crenças aprendidas na infância, achando que ainda são cabíveis para ser usadas com seus filhos. Um exemplo disso é a máxima tola de que "homem que é homem não chora". Essa, como tantas outras, é uma crença gerada por generalização. A generalização "homem que é homem não chora" acaba se tornando uma verdade para a criança, podendo trazer-lhe sérios danos mais tarde.

É preciso começar a conhecer melhor as pessoas, principalmente os mais próximos e, primordialmente, os filhos. Em que fase eles estão? Que canais já estão atuantes nele? Qual o canal mais forte de cada um? Qual o preferencial? Qual o bruxo? Tudo isso, e muito mais, vai ser respondido a seguir.

7

PNL — Uma revolução no final do século para começar bem o próximo

A partir dos anos 70, as técnicas de programação neurolingüística revolucionaram o final do século no campo das comunicações humanas. A PNL é um verdadeiro manual que explica como representamos as coisas; como tudo funciona na mente humana; como retirar ou colocar uma conduta em nossas mentes; como recordar ou criar eficientemente; como estarmos preparados para uma comunicação eficaz com qualquer tipo de pessoa.

Uma palavra sobre seus autores: Bandler e Grinder

Na década de 70 Richard Bandler era estudante de matemática na Universidade da Califórnia, em Santa Cruz; apaixonado por computação, decidiu estudar psicologia. Procurou os terapeutas considerados revolucionários na época e acabou por descobrir que, espelhando-se nos padrões deles, conseguia obter o sucesso em sua atuação com outras pessoas, no campo da comunicação, o que ele chamou, depois, de modelagem da excelência humana.

John Grinder, professor de lingüística, era dotado de grande facilidade tanto para aprender idiomas (falava sete línguas, sem sotaque) quanto para assimilar usos, costumes e comportamentos de outras culturas; era fascinado pelo assunto. Na condição de militar e membro do Serviço de Inteligência, teve oportunidade de aprofundar sua observação e estudo sobre o que existe por detrás do pensamento e da ação humana. Segundo Andreas e Faulkner, em *A Nova Tecnologia do Sucesso*, ao descobrirem a semelhança de seus interesses, decidiram combinar os respectivos conhecimentos de computação e lingüística à habilidade para copiar comportamentos não-verbais, com o intuito de desenvolver uma "linguagem de mudança". Dessa fusão emergiu a PNL.

Como reconhecer quem é quem?

Como já vimos, possuímos três canais de comunicação: cinestésico, visual e auditivo. Embora usemos os três canais — tanto interna quanto externamente — por uma série de circunstâncias (cultura local, clima, profissão, religião, costumes familiares etc.), acabamos por desenvolver mais um determinado canal e menos os outros. O canal que utilizamos com maior desenvoltura denominamos canal preferencial, e aquele que desenvolvemos menos chamamos canal bruxo.

Observe a figura abaixo:

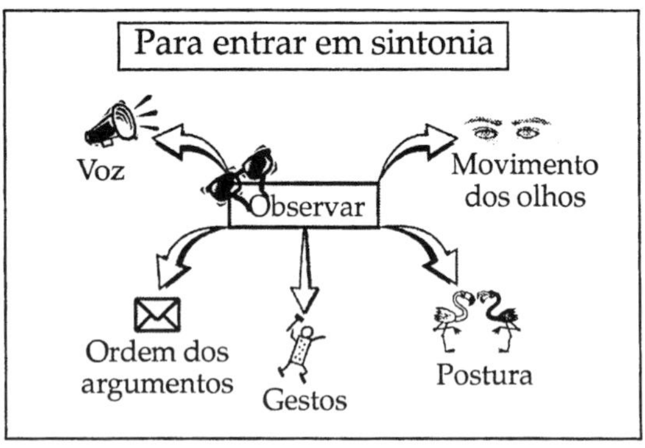

O canal bruxo é aquele com o qual se tem dificuldade no trato cotidiano. Por exemplo: ao sentar-se, o auditivo geralmente procura uma posição em que possa descansar o queixo na palma da mão; é a chamada "posição telefônica", por lembrar alguém ao telefone. É provável que ele não olhe de frente o interlocutor, preferindo girar levemente a cabeça para um lado, para aplicar melhor o ouvido à conversa. Não se sentirá à vontade se não puder adotar uma posição assim. Ruídos muito altos ou repetitivos costumam causar-lhe desagrado. Uma pessoa desleixada nos modos, ou relaxada na postura, também poderá acionar o canal bruxo do auditivo. Algumas vezes é mais fácil conhecer essa pessoa pela irritabilidade que ela deixa transparecer diante dessa situação, quando traz à tona o canal com o qual sente dificuldade para trabalhar.

Já o visual procurará estar sempre mais atento à postura do corpo, ao sentar-se. Normalmente encarará o interlocutor com seriedade, mantendo a postura correta do corpo. Não se sentirá muito à vontade se não puder ter o interlocutor ao alcance da vista. Algumas pessoas são mais facilmente identificáveis. Observando uma pessoa a partir dos itens do quadro 1, pode-se identificar o canal preferencial ou o canal bruxo. Pode ocorrer que algumas tenham dois canais bem aguçados, atuando com os dois canais ao mesmo tempo; então será mais fácil identificar o bruxo que o preferencial.

O cinestésico[1], por sua vez, já é mais bonachão, preferindo o conforto pessoal à postura rígida ou à etiqueta. Ele não se senta na cadeira; esparrama-se sobre ela. Sentado, ou recostado, deixa o corpo escorregar, à procura de uma posição

1. "Cinestésico", do grego *kinestesis,* significa: "sensação, emoção e movimento". Alguns autores escrevem com "s" (sinestésico), puxando para a sensação, emoção. Quando escrito com "c", denota movimento, ação. Na verdade, significa todos os conceitos indicados. O signo para simbolizar o canal cinestésico é a letra "K". (N. da A.)

melhor, e não tem acanhamento de ficar passando as mãos pelo corpo, coçar-se abertamente e até espreguiçar-se em público. Para ele essa atitude é natural, não representando falta de educação.

Excesso de arrumação ou necessidade de freqüentar lugares onde impere a etiqueta podem incomodá-lo.

Peça a um visual que descreva um objeto ou um lugar, e ele irá às minúcias, exagerando na gesticulação. Ao ter de detalhar uma informação, será muito mais eloqüente com uma caneta e papel à mão. Faça o mesmo pedido a um auditivo, e ele será mais conciso e lacônico, interrompendo continuamente para saber se você entendeu. O cinestésico se prenderá às sensações ambientais, como frio, quente, arejado, amplo; peso, dimensão etc. Com relação à voz, o visual tende a falar mais rápido, em tom mais agudo, com maior volume de voz, por vezes até atropelando as palavras. O auditivo fala em tom mediano, com menor rapidez e nível médio de voz. O cinestésico tende a falar em tom grave, mais lentamente, pronunciando melhor as palavras.

Tendo o cuidado de observar esses e outros detalhes, consegue-se identificar o canal preferencial de cada um, bem como o canal bruxo das pessoas. Postura, forma de falar — terminologia usada —, movimento dos olhos, gesticulação, tudo isso, quando corretamente observado, mostra as tendências do canal preferencial e, às vezes, também as do bruxo em relação às pessoas que nos cercam.

O movimento dos olhos tem grande importância na análise que se faz das pessoas. Ao procurar na mente a lembrança de um fato ocorrido, quando a pessoa olha para cima e para a esquerda, é sinal de que está ligando seu canal visual, trazendo imagens para dentro da cabeça, pedindo informações ao seu visual interno de lembrança. Se olhar para cima e para a direita, estará acionando o mecanismo visual de criação. Para a esquerda, ele recorda; para a direita, cria.

O auditivo segue os mesmos movimentos — para a direita ou para a esquerda —, só que o olhar não se dirige para cima; ele se projeta para a frente, na horizontal ou para baixo. Quando o auditivo olha para a esquerda e para baixo, está recordando, pedindo informações ao cérebro. Ao olhar para baixo, à direita, ele pode tanto estar criando quanto recordando cinestesicamente.

Movimento dos Olhos

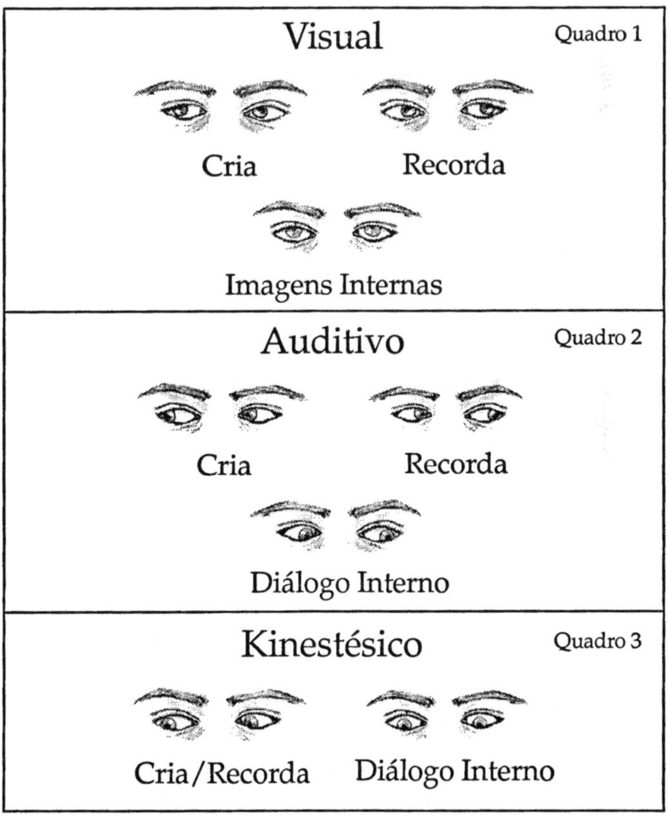

Quando uma pessoa olha para cima e para a esquerda (veja o quadro 1), está recordando. Ao olhar para cima e para a direita, está criando imagens. Se olhar para a frente — com o olhar perdido no "nada" —, é sinal de que está trabalhando com imagens internas; está projetando internamente a cena, como se fosse num filme. Quando os olhos estão voltados para o lado esquerdo e para baixo, está conversando consigo mesma.

Se dirige o olhar à esquerda, à altura da orelha, a pessoa está recordando sons, números, nomes; enfim, coisas abstratas (quadro 2); para a orelha direita, está criando; mas se ela olhar à direita e para baixo, tanto pode estar criando quanto recordando, cinestesicamente (quadro 3).

Observação: caso a pessoa seja canhota, essa simbologia poderá ser invertida. Estima-se em cerca de 45% essa inversão; contudo, de acordo com minhas observações pessoais durante os cursos que dou, tenho notado que essa inversão — aqui no Brasil — ocorre em menos de 45% dos canhotos.

Em um dos cursos que dei ocorreu um fato que, além de curioso, mostra o poder que pode adquirir quem sabe usar corretamente a técnica do movimento dos olhos.

Uma mulher que fazia o curso junto com o marido — vamos chamá-la Maria — bombardeou-me o tempo todo com perguntas sobre a técnica do "movimento dos olhos". O marido — que chamarei João — encolheu-se na cadeira, permanecendo mudo e estático todo o tempo que durou o curso. Após o encerramento, fui procurada por ela, que disse haver gostado muito do curso mas que ficara vivamente impressionada com a técnica que mostrava o movimento dos olhos. Havia feito muitas anotações e prometia pôr em prática o que aprendera. Disse também que eu iria ter notícias dela, quando voltasse àquela cidade.

Embora tivesse achado estranha a atitude dela, esqueci o fato algum tempo depois, com a mente voltada para outros cursos, outras cidades e outros participantes. Senti-me estranhamente curiosa quando, meses depois, de volta àquela cidade, fui informada pelo interfone de que uma certa dona Maria queria falar comigo. Intrigada, autorizei-a a subir até meu quarto. Reconheci-a logo que a porta se abriu. Cheia de entusiasmo, quando demonstrei que me lembrava dela, contou-me que havia posto em prática a técnica de "rodar os olhos" — como ela chamava — com absoluto sucesso. Ao ver minha expressão interrogativa, ela explicou: "Depois do último curso que você deu nesta cidade, comecei a observar melhor meu marido, quando conversávamos, atenta à posição dos olhos dele, como você ensinou. Aliás, para ter certeza de que não cometeria enganos, que não me confundiria, criei uma simbologia mnemônica[1]. É assim: 'ci és' sincero, recordas; 'ci dissimulas', mentes.

"As sílabas 'ci és' significam para cima e à esquerda, e as sílabas 'ci di' querem dizer para cima e à direita. Ao menor sinal de dúvida, eu repito o versinho mnemônico. Pois lhe digo que, depois disso, tornei-me *expert* em ler os olhos dele, e hoje, ao fazer-lhe alguma pergunta, basta olhar para ele para saber se está recordando o que vai dizer ou se está criando a história que vai contar. Agora, quando lhe faço perguntas, ele procura dar-me as costas, antes de responder. Outro dia aconteceu uma coisa engraçada: estávamos enfrentando uma pequena crise conjugal e, quando fomos para o quarto, eu disse: — João, precisamos conversar. — Ele não disse nada, então insisti: — Temos que conversar. — Aí ele respondeu: — Mais tarde — e saiu do quarto. Fui para a cama e comecei a folhear uma revista, enquanto esperava por ele. Nisso toca o telefone. Disse alô, e ouvi a voz dele do outro lado da li-

1. Do grego *mnemônikós*. Relativo à memória; que ajuda a memória. Arte e técnica de desenvolver e fortalecer a memória mediante processos artificiais auxiliadores, como p.ex.: a associação daquilo que deve ser memorizado com os dados já conhecidos ou vividos; combinações e arranjos; imagens etc. Que se fixa facilmente na memória; que ajuda a memorizar. (Cf. *Novo Dicionário Aurélio da Língua Portuguesa*.) (N. da A.)

nha. Foi lacônico e incisivo: — Fale! — Estupefata, pois julguei que ele estivesse na cozinha, perguntei : — João, é você? Onde você está? — Ele respondeu: — Num 'orelhão'. Fale rápido porque eu só tenho uma ficha. — Atônita, comentei: — Você estava ao meu lado no quarto, por que foi para a rua para falar comigo pelo telefone? — Como bom auditivo que é, ele arrematou: — Porque você estava com aquele 'olhinho' grudado em mim e aquele 'dedinho' me cutucando; agora, fale de uma vez, objetivamente, e quando eu voltar pra casa não repita nada sobre o assunto. Fale logo, antes que caia a ficha!"

Com um sorriso triunfante, Maria concluiu, dizendo estar grata pela técnica que aprendera e que estava ali para dar seu testemunho de que aquela técnica realmente funciona. Alegrou-me ver como ela levava a sério o que se propusera aprender, mas aproveitei para fazê-la entender que, mais fácil do que ficar procurando os olhos dele a toda hora, seria identificar o canal preferencial dele, ou o canal bruxo, quando fosse o caso, e "entrar por ele" para harmonizar, em vez de entrar em choque com o companheiro.

Se colocarmos atenção ao movimento dos olhos, postura, ordens dos argumentos, gesticulação, vocabulário, colocação da voz e enfoque dos assuntos, teremos condições de classificar essa pessoa pelo canal preferencial, e analisando os pontos nos quais ela sentiu alguma dificuldade em se haver, ou quando observamos a ausência de argumentos correspondentes àquele canal, poderemos detectar seu canal bruxo.

Pode-se concluir, pois, que:

Cinestésico: Tem como valores maiores a sensação, ação, sensibilidade ao toque, experimentação e gesticulação. Filtra as ações e sensações emocionais, como alegria, tristeza, movimento. O cinestésico precisa sentir as coisas; só assim ele se sente mais livre e fica mais à vontade, solta mais as emoções; é mais sentimental, chora com certa facilidade e sente necessidade da sensação e do toque físico.

A criança geralmente tem esse canal como preferencial até os seis, sete anos de idade. Até essa idade, esse é seu principal canal de comunicação, e nele está contida a linguagem que ela melhor entende.

O cinestésico aprecia estar em ação total, gosta de dançar, praticar esportes, mexer em coisas, consertar etc. Ou gosta de estar em completa calma. Dá muita importância aos prazeres da vida. Muitas mães ficam desesperadas ao ver o quarto dos filhos nessa idade; a desorganização impera, fazendo a mãe sentir-se agredida com a falta de ordem, pois ela já arrumou o quarto, pediu, castigou — algumas vezes até bateu no filho —, mas de nada adiantou. A criança ainda não está madura para perceber isso, e muito menos para valorizar o senso de organização; ela é capaz de dormir sobre a "bagunça", só tomando conhecimento disso quando algo a incomodar ou machucar; aí ela "organizará" a cama... Jogará tudo no chão.

Aquele que é orientado preferencialmente pelo canal cinestésico costuma ter a respiração lenta, fala grave, dá especial importância aos cheiros (o que explica o hábito do povo baiano de pedir "um cheiro" às pessoas do sexo oposto que lhe são caras). Gesticula fartamente, não gosta de estar só e é mais facilmente dominado por ódios e paixões (não pensa muito para "sair no tapa"). Em oposição, ele é propenso a ser também bonachão e tranqüilo em suas atitudes e reações; apenas evite estender-lhe molemente a mão. Isso seria capaz de estragar o dia dele ou de prejudicar a primeira impressão que terá de você, pois o aperto de mão firme significa personalidade, confiabilidade, e essa sensação é importante para ele.

Dona Lina — minha mãe — é tão profundamente cinestésica que cabe aqui como exemplo, para simbolizar esse tipo de indivíduo. Quando, por qualquer razão, ela não gosta de alguém, deixa que isso transpareça em suas atitudes, sem se importar com o que a pessoa possa pensar disso. Por outro lado, quando sente simpatia por essa pessoa, ela "se desmancha" em gentilezas, procurando de tal forma agradá-la que, geralmente, acaba se tornando quase inconveniente. Seu modo de ser excessivamente gentil — próprio daqueles que têm esse canal exacerbado — não significa bajulação ou interesses escusos; é apenas sua forma de demonstrar que quer bem, embora — para quem não a conhece — possa parecer, às vezes, constrangedor. Imagine, por um momento, que você acabou de ser apresentado a ela. A cena acontecerá mais ou menos assim:

— Ah! Então você é amigo da Lurdinha? Entre! Sente-se aqui. Não! Aí não! Essa cadeira não é boa. Sente-se nesta poltrona, que é mais confortável. É onde eu me sento quando estou cansada. Fique à vontade, enquanto eu vou buscar um café para você. Conhece a Lurdinha há muito tempo? Você assiste aos cursos que ela dá? — Enquanto fala, sai em direção à cozinha, antes mesmo de ouvir sua resposta, voltando logo em seguida com o café. — Pronto! Está quentinho; acabei de passar. Gosta com muito ou pouco açúcar? Ponha o quanto quiser. Quer um pouco de leite? Não se acanhe! Não custa nada; num instante eu fervo o leite para você pôr no café.

Se você não for muito firme na negativa, ela irá à cozinha, ferverá o leite e o trará num bule, na bandeja, sobre uma toalhinha rendada. Ao lado, é claro, haverá uma generosa fatia de bolo e algumas bolachas.

— Pronto! Coma à vontade! Sirva-se do bolo primeiro, ele está fresquinho. Eu assei hoje de manhã. Coma! Acho que você nem almoçou ainda, não é? Coitado! Imagina, deve estar com fome! Coma o quanto quiser que tem bastante lá dentro; vá comendo, enquanto eu vou buscar um guardanapo. Mas... que indelicadeza a minha! Fiquei conversando com você e, enquanto isso, o café deve ter esfriado. Espere um minuto. Não beba esse, que está frio. Eu vou buscar outro; enquanto isso, vá comendo o bolo e as bolachas. Está tudo fresquinho.

Se você não beber todo o café e não acabar com o bolo e as bolachas, ela irá tomar isso como desfeita; após você se despedir, ela irá confidenciar-me o que achou de você: — Antipático ele, não é, Lu? Não quis comer meu bolo, rejeitou meu café! Não gosto de gente assim! — Mas, se você aceitou de bom grado suas gentilezas, ela me dirá, após sua saída: — Lurdinha! Esse seu amigo é gente fina! Educado! Gostei dele! — Essa é minha mãezinha.

Visual: Tem como principal valor a afobação. Faz e quer tudo feito na hora. Valoriza a beleza e a organização. Gosta de tudo certinho. Vê detalhes. Gosta de explicar tudo fazendo "mapinhas". É muito criativo, fala alto e rápido. Dá importância ao seu visual e ao dos outros, examina as pessoas de alto a baixo ao cumprimentar.

Esse canal começa a ser acionado dos sete aos treze anos, mais ou menos. Por volta dos doze, treze anos, começa a amadurecer. O visual gosta de agilidade, minúcia, pressa, ordem, e tem visão rápida. Não gosta das coisas fora de lugar; toma o comando de todas as ações e costuma ser "dono da verdade", ou se aliena totalmente. É muito ágil, mas, pelo hábito de mandar, pode facilmente se tornar aquele indivíduo que, na gíria, costuma-se chamar "sargento". O visual é minucioso e prefere explicar as coisas utilizando mapas, gráficos e desenhos. Mentaliza com rapidez e, em decorrência, tem facilidade para encontrar soluções. Gosta de artes, pensa colorido e sua imaginação fértil propicia-lhe a faculdade de criar telas mentais coloridas e ricas em detalhes. Fala rápido e em tom mais agudo. É tão organizado que, se estiver deitado para dormir e lembrar-se que deixou uma gaveta aberta, não conseguirá conciliar o sono enquanto não for fechar a gaveta.

Certa vez fui convidada à casa de conhecidos onde o casal era excessivamente visual. Tanto ele quanto ela tinham esse canal preferencial exacerbado ao extremo. Eram radicalmente visuais. Ao entrar fui convidada a sentar-me em uma poltrona, enquanto eles iam se acomodando num sofá à minha frente. Nesse instante levei um enorme susto. Já estavam inclinando o corpo para sentar-se quando os dois, ao mesmo tempo, ergueram-se de modo brusco e se encaminharam obstinadamente para o meu lado, com o olhar fixo logo acima de minha cabeça. Encolhi o corpo, agarrei-me aos braços da poltrona e imaginei que algo muito sério estava acontecendo. Atrás de onde eu me sentara havia um quadro na parede; quando iam se acomodar perceberam, ao mesmo tempo, que o quadro estava ligeiramente inclinado. Foi o bastante para que tudo — inclusive minha presença — deixasse de existir para eles. Com movimentos coordenados, como se fossem programados por computador, ambos quase voaram por cima de mim para endireitar o quadro. Só após se sentirem satisfeitos com a operação retomaram consciência da minha presença e, com um sorriso de desculpa nos lábios, voltaram a sentar-se e continuaram a conversar, como se nada houvesse acontecido.

Por onde passa o visual vai arrumando as coisas que estão fora de lugar. Se não souber lidar com isso, pode se tornar escravo dessa mania; mas se encontrar a dosagem certa — tendo controle sobre ela —, pode até tirar proveito desse hábito.

A principal característica do visual — como o próprio nome indica — são os olhos. Preste atenção aos olhos dele, quando lhe for apresentado. Note que enquanto cumprimenta você o olhar dele percorre seu corpo de alto a baixo, fixando-se, depois, em seus olhos. Nessa "pincelada" com o olhar ele já o analisou dos sapatos aos cabelos e já tem uma perspectiva de você. Caso você desvie o olhar, a simpatia que ele poderia sentir por você vai por água abaixo. Para ele, a expressão "olhos nos olhos" tem sentido literal e é muito importante. Se você não o olhar nos olhos quando se falam, há uma grande possibilidade de ele perder a confiança em você.

Essa é a forma primordial de um visual selecionar as pessoas. Quer agradar um visual? Tenha tudo organizado ao recebê-lo. Brinde-o com flores, mas lembre-se de mandar junto um cartão. Quer presentear um visual? Dê-lhe uma roupa vistosa, colorida; preferencialmente, não apenas uma peça de vestuário, mas um conjunto — que esteja na moda, é claro — que o deixe elegante. Em contrapartida, se quiser cortar pela raiz o "embalo do visual", basta pedir-lhe que seja direto, conciso, e que finalize logo o que estiver dizendo. Sua tendência a ser minucioso — e até repetitivo — leva-o quase ao paroxismo do desespero, quando é censurado por esse procedimento.

Há uma história jocosa que simboliza a forma típica de reação do visual.

> Em um *pub*[1], sentados junto ao balcão, bebiam e conversavam dois senhores londrinos quando a porta se abriu e entrou um terceiro personagem, trajando *smoking*, camisa branca, gravata borboleta preta, sapatos pretos de verniz e uma flor branca na lapela. Caminhou ao longo do corredor, passou pelos dois homens junto ao balcão, cumprimentou-os com um aceno de cabeça, seguiu até a parede do fundo do estabelecimento e, sem mudar o ritmo do andar, subiu por ela, continuou caminhando de ponta-cabeça pelo teto, fez todo o trajeto de volta até chegar à porta de entrada, onde, com toda a fleuma, atravessou a porta e deixou o local. Boquiaberto, um dos cavalheiros encarou o outro e, de olhos esbugalhados e expressão de incontida estupefação no rosto, perguntou-lhe: — Você viu isso?! — Com o queixo caído e um ar de espanto, o outro respondeu: — Inacreditável!!! Trajando *smoking* e calçando meias brancas!

Auditivo: Fala pouco, pensa conclusivamente, é muito racional, não costuma olhar nos olhos — volta a orelha para o interlocutor, quando ouve; é objetivo e tem o dom de sim-

1. Forma apocopada de *public house* (casa pública); espécie de bar tipicamente inglês, onde os cavalheiros se reúnem, ao final da tarde, para beber e conversar. (N. da A.)

plificar as coisas. Ao falar com ele, comece já pelo fim. Não gosta de som muito alto e prefere que falem pouco. É estrategista e político. Valoriza a durabilidade e a qualidade das coisas.

O auditivo cria tanto — na imaginação — e conversa tanto consigo próprio que chega a ter a nítida impressão de que o interlocutor o está ouvindo, chegando a ponto de ligar o pensamento ao que estiver conversando com a pessoa. Sua convicção de que o outro está ciente do que ele tem na mente é tão forte que quem não o conhece chega a se confundir. É mais ou menos assim:

> Ele vai com a mulher a uma loja escolher uma calça que ela lhe quer dar de presente. Escolhem o modelo, mas ele fica em dúvida quanto à cor, por não estar certo de ter no guarda-roupa uma camisa que combine. Resolvem voltar outro dia, após dissipar a dúvida. Dali vão a um restaurante e, depois, ao teatro. Já no carro, de volta para casa tarde da noite, ele vira para ela e diz, simplesmente: — Vou ficar com a clara! — A essa altura ela, que já nem lembra mais o ocorrido na loja, pensando no enredo da peça que acabaram de ver, responde-lhe: — O que você quer dizer com "fico com a clara"? Do que você está falando? — Então ele arremata: — Pô! Eu sabia! Que falta de consideração! Eu, todo feliz, pensando em como você foi legal querendo me dar aquele presente, batalhando comigo mesmo para chegar a uma definição e, quando anuncio que já sei a cor da calça que quero, você não está nem aí mais.

Assim é o auditivo. Ele não age dessa forma por maldade; nem quer brigar com a mulher. Aliás, ele nem percebe que cometeu a injustiça.

Quando o auditivo conversa com alguém, em geral inclina levemente a cabeça, olha para o lado esquerdo e para baixo (o que significa estar dialogando consigo mesmo), apóia o queixo na palma da mão e coloca o ouvido virado para o interlocutor. Se ele estiver olhando para baixo e para a esquerda, é sinal de que está atento e totalmente ligado no que lhe está sendo dito. Sabendo disso, resuma sempre o que tem a dizer a um auditivo; fale menos, seja direto e conciso, pois enquanto você está indo ele está de volta, e quando isso acontece ele já não ouve o que você está falando; está pensando adiante e tirando conclusões. Ele presta toda atenção ao que lhe é dito, mas só até chegar à conclusão dele. Se insistir em continuar falando e entrar por meandros, isso o aborrecerá, e — se você estiver tentando vender-lhe alguma coisa ou convencê-lo de algo — a essa altura ele já se terá desligado do assunto ou estará seriamente aborrecido com você.

A propósito do laconismo do auditivo, conta-se o seguinte:

> Um avião levantou vôo em Porto Alegre com destino a Manaus. No aparelho, piloto, co-piloto e radioperador eram, todos, auditivos. Logo após a decolagem o piloto virou-se para o co-piloto e disse: — Acho que vai chover ! — O avião sobrevoava Brasília quando o co-piloto respondeu: — Acho que não! — Já estavam próximos de Belém do Pará quando o radioperador interveio na conversa, dizendo: — Pô! Vamos parar com essa discussão!!!

Muitas pessoas me perguntam se o ideal é ter os três canais igualmente desenvolvidos. A isso eu respondo, sempre, que depende: se uma pessoa tem todos os canais aguçados e desenvolvidos — e tem controle sobre todos eles —, com certeza será alguém fantástico, capaz de comunicar-se muito bem com qualquer tipo de pessoa. Entretanto, aquele que tem os três canais aguçados, mas não tem controle sobre eles, pode estar muito perto da neurose, pois tudo o incomoda e, na maioria das vezes, ao se comunicar com os outros, costuma "trocar as bolas", falando objetivamente com uma pessoa visual, que está precisando expor algo minuciosamente; agindo com o coração, ao lidar com dinheiro; diante de um fato de extrema sensibilidade, pode estar tratando o assunto e as pessoas com frieza, correndo o risco, inclusive, de ser chamado de chato, pois tudo o incomoda: o calor, o barulho e a desorganização.

Ficou claro, pelo que foi exposto, que a melhor maneira de se harmonizar com alguém é identificar seu canal preferencial e, por seu intermédio, entrar em *rapport*[1] com a pessoa.

Entrar em sintonia é como dançar bem, fica tudo sincronizado. Sempre que quiser entrar em sintonia com alguém, manter comunicação mais harmônica com a pessoa, procure seguir estes passos: primeiro, ouça.

Aguce bem os ouvidos e observe gestos, postura, voz, entonação, ordem dos argumentos e vocabulário. Habitue-se a entender o significado das coisas e das palavras que o outro quer dizer. Após observar atentamente, procure lembrar o seguinte:

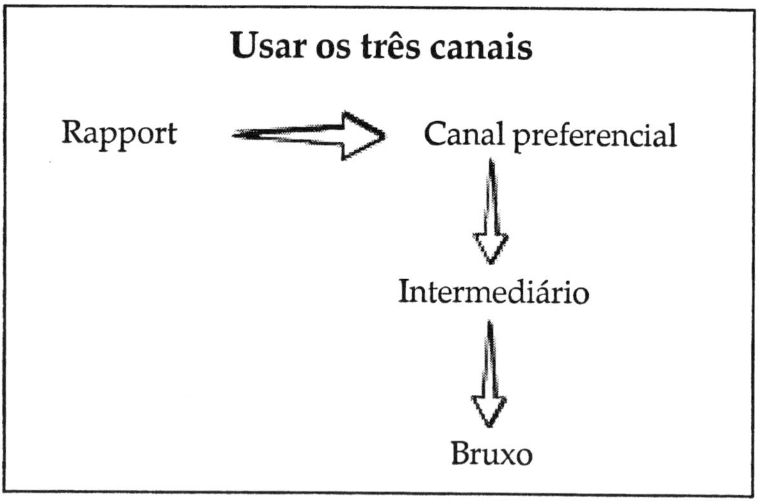

1. Palavra de língua inglesa que significa "relação, harmonia, simpatia, concordância". (N. da A.)

Teste seu canal preferencial e descubra seu bruxo

Partindo do princípio — colocado pela PNL — de que todo ser humano possui os três canais e atua com eles, é inútil imaginar que alguém possa ser apenas visual, auditivo ou cinestésico. Carregamos conosco, sempre, os três canais, embora atuemos com apenas um de cada vez. O importante não é querer ser este ou aquele canal, mas sim saber qual é o preferencial, qual o intermediário e qual o bruxo. O teste abaixo foi criado para que você encontre mais facilmente a forma de lidar com cada um deles. Cada grupo de três perguntas indica sua predisposição para uma delas. As letras "A", "V" e "K" significam: auditivo, visual e cinestésico. Posicione-se com a proposição que mais lhe agradar em cada uma das três questões de cada grupo — usando seu "sentir" em relação a cada uma delas — e defina aquela que o faz sentir-se mais à vontade. Dê peso 3 para aquela com que melhor se identificar; peso 2 para a intermediária, e peso 1 para a que lhe seja menos agradável. Ao final, some os pontos obtidos em cada coluna, para localizar seu canal preferencial, o intermediário e o bruxo.

Nesse momento você entrará de posse de uma importante ferramenta, na sua proposição de ser *Líder 24 horas por dia*. Trabalhe no sentido de conhecer melhor e dominar aquele que descobriu ser seu canal bruxo, para vencer a mais difícil batalha: aquela que cada um trava consigo próprio. Quando tiver domínio sobre ele, você terá dado um passo de gigante rumo à meta que se propôs: ser *Líder 24 horas por dia*.

Para entrar mais facilmente no canal do outro, é necessário ter os três canais bem aguçados, mas sob controle. É preciso saber o momento ideal para ligar um, o instante propício para acionar outro, e assim por diante.

Ao falar a um auditivo, seja sucinto e direto; comece pelo fim. Evite despertar o canal bruxo do outro, principalmente se não souber como lidar com ele.

Certa vez fui requisitada pela diretoria do departamento de RH de um grande banco com um pedido para expor-lhes o currículo de nossos cursos.

Ao ser levada à presença do diretor daquela área, fui logo convidada a me sentar. Afundei numa confortável poltrona giratória, onde me senti esparramada, em posição semelhante à que ocupava o executivo que me ia entrevistar.

— Quero que a senhora apresente projeto para a realização de um curso com carga horária de 44 horas, bem abrangente, enfocando aspectos desde o emocional até o que possa abranger atividades profissionais e de criatividade. É importante que seja dada especial atenção às áreas de comando, pois nesse curso estarão pessoas do mais alto escalão da diretoria. Quero um projeto bem detalhado — disse-me ele, com voz firme, grave, lenta e incisiva.

Sua postura, gesticulação, forma de falar, o tom de sua voz, tudo me dizia que eu estava diante de um cinestésico-visual. Diante disso me dispus a defrontar-me com alguém cujo canal preferencial eu já havia identificado. Preparei um relatório de dezesseis páginas. Detalhei e minuciei, dia a dia, como seriam distribuídos os assuntos, dividi-os em tópicos, subtópicos e exercícios práticos; especifiquei até os intervalos para o *coffee-break*, e o que seria servido em cada um desses intervalos. Apresentei-lhe o projeto, que ele examinou, página por página, analisou cada uma, de alto a baixo, e releu várias delas, antes de tirar os olhos do papel. Ao fim desse tempo, perguntei: — E aí? — Ele hesitou um instante, mexeu-se na poltrona e respondeu: — É quase isso! — Receosa de tê-lo "entupido"de dados técnicos, obtemperei: — Acho que exagerei! Quer que eu tire alguma coisa? — Quase em sobressalto, ele respondeu: — Não, não! Gostaria que alguns destes itens fossem um pouco mais especificados. Por exemplo: este filme — ele apontou para o papel — será exibido antes ou depois do *coffee-break*? E este outro item... — Crivou-me de perguntas. Acabei estendendo o relatório para dezoito páginas, e ainda tive de explicar, verbalmente, outros detalhes.

O sucesso daquele seminário estimulou outro departamento daquele banco a requisitar um curso na mesma linha. Fui convocada pelo diretor daquele departamento e, ao chegar, cumprimentei-o e ameacei sentar-me, quando ele disse: — Nem sente! Não será preciso. A senhora já deu um curso aqui neste banco, estou sabendo; carga horária de 44 horas, comunicação e expressão verbal. Eu quero o mesmo curso. O que a senhora pode apresentar? Qual o seu projeto? Quero um curso dinâmico, que atinja nossos objetivos. Ah!, sim, uma coisa importante: nada de ficar enfatizando emoções; nossos profissionais estão cansados disso. Amanhã, nove horas, espero ter seu projeto em mãos. Tudo bem? — Disse-lhe que sim, agradeci e saí, com a promessa de entregar o projeto no dia seguinte, às nove horas.

Peguei o mesmo projeto de dezoito páginas e reduzi-o para três. Apenas tópicos, subtópicos e resumo. Logo na primeira linha, coloquei: curso — 44 h; preço — tantos reais. Em seguida escrevi, resumidamente, o conteúdo programático. No dia seguinte, nove horas, postei-me à sua frente: três páginas grampeadas (diferente do anterior, que continha dezoito e estava colocado dentro de uma capa, com nome da empresa e logotipo); passei-lhe às mãos as três folhas de papel e esperei sua reação. Ele correu rapidamente os olhos pela primeira página, deu uma rápida olhada na segunda e foi à última. Quando ele tirou os olhos do papel, eu arrisquei: — Era isso que o senhor queria? — Ele titubeou um segundo para responder: — É quase isso! — Achando que havia exagerado no laconismo do relatório, emendei: — Acha que ficou muito sucinto? Quer que eu detalhe alguns itens? — Mais que depressa, ele atalhou: — Não, não! É possível "enxugar" um pouco o texto? Deixar um pouco mais resumida esta apresentação?

Reduzi o relatório do projeto para uma página e meia. Retirei todos os subtópicos. Ficaram apenas o horário, preço e os tópicos principais; mais nada. Ele bateu os olhos, virou-se para mim, e disse: — Perfeito!

Dei o mesmo curso que já dera em outro departamento, com igual sucesso. Não mexi em nada, a não ser na forma de apresentar o projeto. Adiantaria eu fazer críticas a qualquer dos dois diretores? Seria de algum proveito dizer que aquele era muito "devagar", ou este "muito afobado"? Tudo o que precisei fazer foi entrar no canal preferencial de cada um e harmonizar o que eles precisavam com o que eu tinha para dar. Só isso.

Ser... ou estar?

É sempre conveniente frisar que todos nós temos três canais de comunicação e trabalhamos com todos eles. É verdade também que um deles é, sempre, o preferencial, com o qual temos mais facilidade no trato diário; um segundo, que chamamos intermediário; e o terceiro, denominado bruxo, por sentirmos certa dificuldade em lidar com ele. Conhecendo as técnicas para localizar tanto o canal preferencial quanto o bruxo, você obtém domínio sobre os três, o que não quer dizer que os tenha constantemente sob controle.

Você não é nenhum deles; você está atuando com preponderância sobre um deles, naquele momento. Pode ocorrer que pela manhã você esteja atuando com o canal preferencial, mas à tarde, por circunstâncias acima de sua vontade, precise estar lidando com o intermediário e, à noite, tenha de enfrentar situações em que precise trabalhar com o bruxo. Portanto, duas coisas muito importantes: 1ª — Ter domínio sobre os três canais; 2ª — Saber que você não é nenhum deles; que está atuando, naquele momento, com tal ou qual canal, porque as circunstâncias assim o exigem.

Ao introjetar essa assertiva, você passa a agir com maior segurança no dia-a-dia, por saber que pode determinar qual dos canais precisa usar no momento e saber que é capaz de lidar com qualquer dos três. Em compensação, em cada momento que as circunstâncias permitirem, "tire do baú" seu canal preferencial e "navegue" gostosamente através dele, na certeza de que você merece isso.

TESTE DE CANAL PREFERENCIAL

Proposições	A	V	K
1 - O que mais o aborrece, ao chegar à sua casa: A) - Barulho de TV ou de alguém falando alto? V) - Ver a sala desorganizada, as coisas fora de lugar? K) - A comida não estar pronta ou saber que está faltando água?			
2 - Qual sua forma costumeira de recreação: A) - Ouvir música? V) - Ler ou ver TV (filmes, cinema ou vídeo)? K) - Comer, dormir ou agir dinamicamente (dançar, caminhar ou praticar esporte)?			
3 - Você aprende com mais facilidade quando: A) - Lê em voz alta? V) - Lê, resumindo, ou assinalando o que acha importante? K) - Faz exercícios práticos?			
4 - Ao solicitar que alguém lhe faça algo, sua tendência é: A) - Falar objetivamente, uma única vez, achando absurdo que ele(a) não tenha entendido? V) - Falar várias vezes, ou relatar por escrito, para ter certeza de que sua mensagem foi entendida? K) - Falar, ora carinhosamente, ora escrevendo, ou quase levando compulsoriamente a pessoa a fazer?			
5 - Ao apresentar um trabalho por escrito, você: A) - Escreve objetivamente o que for necessário? V) - Escreve detalhadamente, procurando ilustrar, com fotos, gráficos ou desenhos, por achar que a aparência é muito importante? K) - Acha que a aparência é menos importante, sendo primordial mostrar o quanto "transpirou" para realizá-lo?			

Proposições	A	V	K
6 - Suas roupas, em geral, são: A) - Estilo clássico; cores lisas, preferencialmente em tons pastel e duráveis? V) - Coloridas, sempre combinando com os adereços? K) - Soltas e confortáveis, acima de tudo?			
7 - Ao comprar sapatos, é prioritário, para você: A) - Preço, qualidade e durabilidade? V) - Beleza? Precisa combinar com as roupas? K) - Ser leve, macio e confortável?			
8 - Você memoriza com mais facilidade: A) - Nome, tom de voz, números e conceitos abstratos? V) - Fisionomia, forma, detalhes? K) - Cheiro, gosto, toque?			
9 - O que você mais valoriza, ao conhecer uma pessoa? A) - O tom da voz, a objetividade e firmeza de sua fala? V) - "Olhos nos olhos"? K) - Firmeza no aperto de mão?			
10 - Na televisão seus programas prediletos são: A) - Noticiários, entrevistas e musicais? V) - Variedades, filmes? K) - Programas esportivos, humorísticos?			
11 - Diante de uma máquina nova, para fazê-la funcionar, você: A) - Prefere que lhe expliquem oralmente o funcionamento? V) - Lê, pacientemente, o manual? K) - Gosta de ir apertando os botões, até acertar?			
12 - Quando vai resolver um negócio, pensa, antes de mais nada: A) - No lucro? V) - Em planejar ou em estudar os detalhes? K) - Em sair fazendo, arregaçando as mangas?			
13 - Como prova de amor, basta-lhe: A) - Ouvir a expressão "te amo"? V) - Receber flores e um cartão, com palavras "eu te amo"? K) - Um abraço apertado e duradouro?			

Proposições	A	V	K
14 - Seu desempenho é melhor quando você sente necessidade de: A) - Falar sobre o assunto? V) - Escrever sobre o assunto? K) - Fazer algo que dependa de dotes manuais ou de construir coisas?			
15 - Se uma roupa ficou velha, ou saiu de moda, você: A) - Joga fora sem titubear? V) - Guarda como recordação ou para esperar a moda voltar? K) - Usa em casa, até acabar, ou passa a usá-la como pano de chão?			
16 - Ao assistir a um espetáculo, você observa, acima de tudo: A) - A qualidade do som, a acústica? V) - A iluminação e o cenário? K) - A temperatura ambiente?			
17 - Você fica inconformado quando: A) - Diante de uma situação, alguém não chega à mesma conclusão que você? V) - Alguém não percebe um quadro torto na parede? K) - Alguém não chora, ou se arrepia diante de algo emocionante?			
18 - Você admira — em uma pessoa — antes de mais nada: A) - A inteligência? V) - A beleza? K) - A afetuosidade?			
19 - Você não consegue entender: A) - Alguém sentir-se magoado por algo que você disse? V) - Alguém conseguir viver em ambiente desorganizado? K) - Alguém não poder gostar de uma boa massagem?			
20 - Acha que o bom empresário deve, antes de mais nada: A) - Ter noção de lucratividade e praticidade? V) - Manter a organização acima de tudo? K) - Agir incansavelmente; ser sempre o primeiro a chegar e o último a sair?			
Total			

A maior pontuação representa seu canal preferencial, enquanto a sua menor pontuação revela seu canal bruxo.

Identidade e papel

Quem aponta um problema deve apresentar uma solução. O problema é que muitos se sentem fora de controle ao ser colocados em situação em que o canal bruxo emerge abruptamente. Primeiro é preciso considerar que ninguém *é* visual, cinestésico ou auditivo.

Está-se precisando — naquele momento — trabalhar com um determinado canal, com o qual não se lida com tranqüilidade. Então... o que fazer? Inicialmente é preciso encarar a realidade e aceitar aquela verdade, que pode não estar do seu lado. Isso é coragem. Se alguém chamá-lo de caloteiro, por não haver saldado aquela dívida, não adianta querer justificar, ou tentar apontar algum defeito no acusador, se você realmente não pagou a dívida. A solução está em aceitar a verdade e procurar uma forma de conciliar a situação. Freud, o pai da psicanálise, disse: "Chega um dia em que precisamos deixar de ser a criança que sempre fomos, pôr de lado as ilusões e encarar a vida hostil, tal como ela se apresenta; a isso eu chamo educação para a realidade". Se conseguirmos aceitar tranqüilamente essa verdade, teremos meio caminho andado para a solução de nossos problemas. Aceitar uma verdade que pode não estar conosco, além de ser um ato de coragem, traz também a certeza de que não precisaremos entrar na pior das guerras: aquela que travamos contra nós mesmos.

Antes de continuar a leitura, preencha a tabela a seguir, com notas de 1 (um) a 10 (dez), para aquela que acredita ter sido sua atuação, hoje, nas habilidades apontadas à direita dessa tabela. Faça isso agora.

Identidade	Papel/Habilidade	Nota
Deve ser sempre nota 10	Pai (mãe)	
	Filho(a)	
	Irmão(a)	
	Amigo(a)	
	Esposo(a)	
	Profissional	
	Chefe	
	Subordinado	
	Amante	
	Aventureiro	
	Outras	

Se você foi preciso na avaliação, deve ter-se dado algumas notas altas, outras baixas e algumas regulares. Se você deu, por exemplo, uma nota baixa para sua atuação como amigo(a), por julgar que não teve uma atitude correta com alguém a quem você estima, sabe que isso não é o "fim do mundo". Na próxima vez que encontrar essa pessoa, poderá se desculpar e tudo "terminará em pizza". Assim, aquela atitude que hoje mereceu uma nota baixa — segundo sua avaliação — amanhã poderá estar novamente lá no alto: nota 10, com louvor. Ou seja: sua habilidade para lidar com os papéis que a vida lhe apresenta varia de acordo com as atitudes tomadas por você e por circunstâncias inevitáveis.

Porque ninguém pode determinar o que vai acontecer no minuto seguinte, é decisivo estarmos preparados para as circunstâncias quando elas ocorrerem; contudo, a maior parte das "cenas" que representamos no "palco da vida" acontecem de improviso. Por essa razão, nem sempre atuamos da forma que gostaríamos de atuar. São muito comuns frases como: "Se eu pudesse ter uma segunda chance!". "Se eu soubesse que seria assim, teria agido de modo diferente". "Por que eu não percebi que isso deveria ser feito desta forma?". "Estava tão claro, e eu não notei...".

Quando vamos ao Banco da Vida receber os dividendos dos investimentos feitos — daqueles 1440 minutos, lembra-se? —, verificamos que nossa moeda — o tempo — foi mal investida e acabou não dando lucro. Então derramamos lágrimas de arrependimento, lastimando a falta de visão para enfrentar as circunstâncias; somos então envolvidos pela sensação de fracasso.

Vamos considerar o seguinte:

Papel — Cada instante estamos representando um novo papel, na vida, para o qual, geralmente, ainda não criamos a oportunidade para ensaiar; então, atuamos de improviso. Essas situações costumam gerar tensão, criada pelo medo de atuarmos de improviso. Essas situações costumam gerar tensão, criada pelo medo de atuarmos como "canastrões"; pronto: está caracterizado o bloqueio; quanto mais tememos, mais bloqueados ficamos, perdendo assim a naturalidade para agir. Quem utiliza corretamente as técnicas da PNL cria condições para superar a maioria das situações desse tipo, mas ninguém está totalmente imune aos erros. Que fazer? Se a falha está caracterizada, se o erro já ocorreu, vamos fazer dele o caminho para o acerto. Nos inúmeros papéis que representamos diuturnamente, é importante admitir que erramos em determinada cena, ao representar determinado papel: o filho que insultou o pai; o marido que mentiu à companheira, para tirar algum tipo de vantagem; o funcionário que cometeu um erro e culpou o colega por esse erro; o patrão que puniu injustamente o funcionário. Cada um cometeu um erro no papel que exercia naquele momento. "Errar é humano, perdoar é divino"; então, procure aquele que foi vitimado por seu erro, admita que errou e peça-lhe que o perdoe.

Isso faz bem à alma, pode estruturar uma amizade e, principalmente, redime você, perante você próprio, fazendo-o sentir-se mais leve e aliviado. Se, ao cometer o erro, você se julgou infame, ingrato, mal-agradecido, hipócrita (ou qualquer outro adjetivo do gênero), ao admitir a culpa e pedir perdão por ela sente-se liberto dela. Nesse instante você, que se sentia "nota zero" naquele papel, voltará a sentir-se "nota dez" nele. Se alguma circunstância o impedir de redimir-se diretamente com a pessoa prejudicada pelo seu erro, procure o autoperdão, determinando-se a não mais cometer aquele erro. Dessa forma também você volta a se sentir "nota dez". O importante é saber que existe um jeito de reformular suas atitudes para permanecer sempre "nota dez" em cada papel, ou muito perto dela. O que não deve ser aceito, em hipótese nenhuma, é permanecer por muito tempo sem reformular as atitudes — para voltar a ser "nota dez" — ou permitir que, em muitos papéis, permaneça com nota muito baixa por longo tempo. Quando isso ocorre, a parede que separa *identidade* de *papel* vai ficando enfraquecida, correndo o risco de se romper.

Identidade[1] — Como o próprio nome diz, é a propriedade do que é idêntico. Idêntico a quê? Idêntico ao que você quer, e precisa ser, na vida; ao que dá sustentação ao seu Eu; à razão de você ser o que deseja ser, para ser aceito com dignidade, por você mesmo e pelo meio em que vive. Portanto, se não for capaz de sustentar essa posição, sua força interior vai enfraquecendo, fazendo-o sentir-se isolado no meio da multidão. Quanto mais permitir que isso aconteça, mais sua Roda da Vida vai ficando difícil de rodar, em todos os departamentos mas, principalmente, no Departamento de Dinamização, pois é a energia criada por sua identidade que produz o "combustível" para pôr em movimento a Roda da Vida. Portanto, cuide para que sua identidade seja sempre nota dez, na certeza de que, ao estar atento a sua atuação nos

1. "Qualidade do que é idêntico; conjunto de caracteres próprios e exclusivos de uma pessoa." (Cf. *Novo Dicionário Aurélio da Língua Portuguesa*.) (N. da A.)

papéis que representa, esteja sempre tranqüilo no equilíbrio de sua vida. Quanto mais resultados você conseguir nesse "jogo", melhor será sua existência.

Recapitulando: os papéis, como já vimos, estão constantemente mudando, e isso é natural. A identidade, contudo, representando a qualidade do que precisa ser idêntico, não deve mudar; tem de ser, sempre, "nota dez". Se em *papel* uma nota baixa pode ter seu valor mudado amanhã, por depender apenas de atitudes simples e facilmente acionáveis, a quebra de valor, na identidade, é muito mais difícil de ser reconstituída, por exigir uma série de fatores que demandam tempo, ação e coragem[1]. Se as falhas em *papel* forem em grande número, e constantes, a parede que separa *identidade* de *papel* vai enfraquecendo, até se romper. Quando isso acontece, ocorre a infiltração das falhas de *papel* para o terreno da *identidade*, podendo provocar sérios danos, como ocorre com qualquer tipo de infiltração.

Entendendo as diferenças entre *identidade* e *papel* e aprendendo a trabalhar harmoniosamente essas variantes, o equilíbrio estará mantido e você terá, sempre, o controle de sua vida. Conseqüentemente, ao dominar os três canais, entendendo como e por que aquele determinado canal é o seu bruxo, você estará mais atento a ele e saberá como manter as rédeas firmes, levando seu "puro-sangue" a cruzar a linha de chegada em primeiro lugar, ainda que seja pela diferença de um focinho. Você estará utilizando o princípio da pequena diferença. É mais fácil do que se imagina.

Uma aluna declarou um dia, após ter feito o curso (exercitando PNL): "Ontem, recuperei minha filha!".

Após a aula, identificou-se como extremamente visual, com cinestésico bruxo. Entendeu então por que brigava tanto com a filha mais nova — extremamente cinestésica e com

1. Coragem, cor (coração) e agem (agir); agir com o coração. (N. da A.)

canal bruxo visual —, a qual, em conseqüência de tantas discussões, queria ir morar na casa do pai.

Toda noite, ao chegar em casa, a filha estava deitada no sofá comendo algo, e a sala com tudo fora do lugar. Sua chegada era registrada com reclamações no que se referia a bagunça; sentia-se agredida diante daquilo. Ao terminar o curso chegou em casa, em torno das onze e meia, e a cena era a mesma.

Em vez de brigar, sentou-se no sofá, perguntando como a filha estava, e esta disse-lhe que se sentia gripada (com voz chorosa). Colocou a cabeça da filha em seu colo, acariciando suavemente, e disse: "Mas você não está com febre". "Agora não mais, mãe." "E o peito, dói?" (passando a mão no peito da menina). "Agora, também, não mais."

Após alguns minutos a menina sentou-se no sofá e disse: "Mãe, que engraçado, de repente estou me sentindo bem, tão feliz que estou com vontade de comemorar". "Comemorar o quê?", perguntou-lhe a mãe. "Não sei! Vou fazer um bolo." "Mas a esta hora?"

À uma e meia da manhã estavam as duas comendo bolo, ainda quente, e tomando champanhe. A filha não sabia por que, mas a mãe tinha total convicção: tinham entrado em *rapport*.

8

Ampliando o seu modelo de mundo

Você é o que acredita

Há incontáveis casos em que aquilo que parecia impossível acabou se realizando. Eis alguns *flashes* (colhidos do filme de treinamento da Siamar, intitulado *A Escolha É Sua*). São fatos autênticos e comprovados. Leia e julgue você mesmo:

– Charles Monroe Schulz, conhecido como Spark — criador dos personagens Snoopy e Charlie Brown — foi considerado um péssimo aluno, tendo sido reprovado em quase todas as matérias na escola.

– Tom Dempsey tinha apenas metade do pé e uma deformação no braço. Lutou para conseguir um lugar na equipe Saints, de New Orleans. Adestrou-se de tal forma em chutes a gol que alcançou a distância de 63 jardas (cinqüenta e sete metros e sessenta centímetros), recorde que nunca foi batido.

– Num país onde as mulheres eram relegadas a segundo plano, sem a mínima chance de se destacar no mundo político, Golda Meir foi a primeira mulher a ocupar o lugar de primeiro-ministro de Israel.

– Woody Allen foi reprovado, em duas faculdades, em produção cinematográfica.

– Ron Le Flore foi delinqüente juvenil, tendo sido preso muitas vezes como assaltante. Tornou-se um dos mais famosos jogadores de beisebol dos EUA.

– Walt Disney começou sua vida profissional trabalhando na redação de um jornal. Foi despedido por não ter criatividade nem imaginação.

– F. W. Woolworth foi acusado, na loja de departamentos onde trabalhava, de não saber vender. Fundou e dirigiu uma das mais famosas cadeias de lojas americanas.

– Winston Churchill foi o último colocado em sua classe na academia militar. Seu pai dizia que ele jamais seria alguém, pois não tinha ambição e não sabia o que significava "trabalhar duro".

– Albert Einstein não pronunciou uma só palavra até os quatro anos de idade. Diziam ser sinal de lentidão no aprendizado.

– Abraham Lincoln criou-se no interior e não teve educação formal. Estudou por conta própria para tornar-se advogado. Ao entrar na política, candidatou-se várias vezes para vereador, e perdeu; várias vezes tentou ser senador, e foi derrotado, mas não desistiu. Além de ter sido presidente dos EUA, e um dos cidadãos mais respeitados da História, seu nome é lembrado, entre outros feitos, pelo famoso discurso de Gettysburg, no qual ele coloca sua crença no "governo do povo, pelo povo e para o povo", palavras que são citadas até hoje.

– Lucille Ball queria ser atriz. Os professores diziam que ela não tinha talento. Foi dispensada da escola de arte dramática por ser considerada sem o menor talento para essa arte. Tornou-se atriz famosa, tendo estrelado a série *I Love Lucy,* assistida até hoje em todo o mundo.

Estes exemplos mostram o perigo que representa a formação de falsas crenças. Nos casos mostrados essas crenças foram formadas por aqueles que não acreditavam em si próprios e jogavam essas fraquezas em cima dos que os cercavam. Em grande parte dos casos essas crenças são incorporadas pelas "vítimas", mas, afortunadamente, alguns escapam a essa fatalidade; com determinação e muito trabalho, conseguem vencer os obstáculos e derrubam essas crenças.

A repetição de expressões como: "Não posso", "Quem sou eu para conseguir isso?", "Você sempre será assim, pois não tem competência", "Morro de medo de me sentir sozinha", "Não sou capaz de fazer isso", "Dinheiro não traz felicidade, é sujo, traz doenças", "Repare que os ricos ficam cada vez mais ricos, e os pobres cada vez mais pobres", "Minha memória é fraca, tenho cabeça oca", e tantas outras, que usamos habitualmente sem notar que elas levam a condicionamento negativo, vão sendo incutidas no cérebro, e com a repetição acabam se tornando "verdades" com as quais passamos a conviver.

Identificando o problema, impõe-se mostrar a solução, que é bastante simples.

Se a repetição continuada de um conceito acaba por transformá-lo numa verdade nossa, por tê-lo registrado fortemente no cérebro, basta apagar o registro desse conceito, e trocá-lo por um conceito positivo. Se você costuma repetir que não consegue fazer determinada coisa, no momento em que disser isso, mude o registro. Diga: "Consigo, sim! Se outros conseguem fazer, eu também posso!"

Embora seja perfeitamente possível, não é nada fácil impedir que pensamentos negativos penetrem nossa cabeça, mas, tal como acontece quando escrevemos uma palavra errada, basta "apagar" o conceito considerado negativo e "escrever" o conceito certo na mente. A isto chamamos re-significar. Se, publicamente, você enunciar em voz alta um conceito que considere negativo e, por qualquer razão, achar que não convém reformulá-lo de forma sonora — para que todos ouçam —, faça isso mentalmente. Por exemplo: você diz, numa roda de amigos, que não consegue estacionar o carro entre dois veículos sem ter de manobrar várias vezes. Percebe que não deveria ter dito aquilo, mas a frase já foi dita por você, que julga não ser necessário reformulá-la publicamente, embora acredite que aquilo não precisa ser necessariamente verdade. Nesse caso, repita mentalmente: "Consigo, sim! Se isso é possível de ser feito, é claro que eu posso fazer".

Vamos ver por que isso funciona dessa maneira:

O cérebro é um mecanismo pronto a executar tudo o que for ordenado a ele. Tudo o que se pensa, fala, ouve, vê, ou faz é registrado por ele como parte de seu *modus operandi*. Se alguém nunca viu uma cobra — nem mesmo ilustrada no papel — mas já estudou os hábitos desse animal, ao ver um exemplar vivo à sua frente poderá, de pronto, desconhecer do que se trata; logo, porém, o cérebro une as informações que já possui a respeito e completa o registro mais ou menos assim: "Réptil, da classe dos ofídios, animal anfíbio, escamado, de língua bífida, desprovido de aberturas auriculares, vulgarmente denominado cobra". E completa os registros, baseado no que acabou de ver: "Desloca-se rastejando e em movimentos ondulatórios; tem várias cores e é veloz ao deslocar-se". Utilizando as informações que já possuía e enriquecendo-as com informações obtidas visual, auditiva e cinestesicamente no contato experimentado ao vê-la, o cérebro completa os dados que já possuía, ampliando os registros sobre aquele animal. Isso tudo ele faz sem precisar de nosso comando consciente, pois essa é uma de suas funções.

Ele não é amigo nem inimigo; é apenas um minúsculo e fabuloso computador que rege tudo o que faz desde antes do nascimento, por ser o primeiro órgão que se forma no embrião. Outra coisa importante é que ele não distingue um fato real de outro imaginado vividamente. Ao acordar de um pesadelo, temos as mesmas sensações e reações físicas que se tivéssemos vivido aquela experiência na realidade. Por isso é necessário — para que se viva produtivamente — estar vigilantes ao que pensamos, e prontos a mudar os possíveis registros negativos.

Considerando que dependemos da atuação dele em tudo, é importante levar em conta que, quanto mais informações úteis e positivas dermos a ele, mais bem equipados estaremos para levar a bom termo qualquer tarefa a que nos propusermos. Se não propiciarmos a ele condições de se alimentar dessas informações, ele vai buscá-las nas atitudes de outras pessoas, ou procurará improvisar, no momento em que precisar delas. Ora! Se tudo o que fazemos é comandado por ele, torna-se vital que o alimentemos fartamente de tudo o que, a nosso ver, possa ser útil à nossa existência. Da mesma forma, denota inteligência trabalhar no sentido de cambiar todos os registros considerados negativos por positivos.

A propósito disso, e para ilustrar indelevelmente essa verdade, há o exemplo de um fato ocorrido com pessoa próxima a mim:

> José Augusto Teixeira Machado, nome conhecido no meio daqueles que militam na área de treinamento e desenvolvimento mental, autor de cursos de oratória, leitura dinâmica, marketing de vendas, entre outros — e colaborador meu, neste livro —, acidentou-se, aos vinte anos de idade. Levado ao hospital em estado de coma, onde foi desenganado por cinco médicos, Guto — como o chamamos — chegou a ponto de haver recebido a extrema-unção. Enquanto lutava inconscientemente pela vida, teve a sua perna direita amputada, em face dos ferimentos recebidos. Por ser jovem e sadio, seu estado de saúde foi, aos poucos, melhorando. Já consciente, e fora de risco de morte, foi notificado, pelo cirurgião que o operou, que, embora sua saúde estivesse recuperada, o mesmo não acontecia com o estado da perna esquerda, cuja perda também parecia inevitável. Ao receber essa comunicação, a reação do paciente foi — por razões que só mais tarde ele iria compreender — de total tranqüilidade; com um sorriso nos lábios, ele respondeu: — Quer apostar que o senhor não vai amputar esta? — Algo tranqüilizado pela reação do paciente, mas não querendo lhe dar falsas esperanças, o médico continuou repetindo — nos dias que se

seguiram — que a perda daquela perna parecia tão inevitável quanto o fora a da outra. Contudo, cada vez que o médico fazia essa observação, o paciente revelava o mesmo tipo de reação: — Quer apostar que o senhor não vai amputar esta outra?

Chegou porém o dia em que o cirurgião avisou-o de que, apesar de tudo o que fora feito, não havia sido possível salvar-lhe a perna; a cirurgia estava marcada para a manhã seguinte. Sem apresentar a menor mudança em seu estado de espírito, Guto foi levado à sala de cirurgia; enquanto lhe era aplicada a anestesia, o médico que iria servir de veículo para que ele se tornasse ainda mais mutilado fisicamente olhou-o com uma ponta de compaixão e disse: — Nós fizemos tudo o que era possível, mas não houve como evitar. Sinto muito por você! — Com uma calma que surpreendeu os próprios médicos, o rapaz respondeu: — Quer apostar que o... se...nhor... n...ã...o v...a...i...a...m...p... — Naquele momento a anestesia cumpriu sua finalidade.

Horas depois, ao acordar — já no quarto —, o paciente constatou admirado que sua perna continuava no lugar. Intrigado, indagou ao médico, quando este entrou no quarto, por que não se realizara a cirurgia, ao que o médico respondeu, entre aliviado e brincalhão: — Aconteceu que, quando eu ia fazer a primeira incisão, comecei a ouvir, soando em meus ouvidos: "Quer apostar que o senhor não vai amputar?... Quer apostar que o senhor não vai amputar?...". Fiquei momentaneamente incapaz de fazer aquele corte. Com o bisturi na mão, estático, sem ação, ouvi a instrumentadora perguntar se havia acontecido alguma coisa. Disse-lhe que sim. De fato, tive a impressão de haver, naquele momento, percebido uma reação na circulação sanguínea. Em face disso, decidi adiar a cirurgia, mas quero deixar bem claro que isso não significa que você esteja livre dela! — O jovem sorriu e disse: — Quer apostar?...

Quase um mês depois, o médico lhe confidenciou: — Estou quase garantindo que você não perde essa perna. — Com uma expressão tranqüila e confiante, Guto arrematou: — O senhor ainda quer apostar?

Meses mais tarde ele deixou o hospital, apoiado em um par de muletas, mas... andando.

Vim a conhecer José Augusto na década de 70, quando tomei conhecimento das técnicas de desenvolvimento mental, leitura dinâmica e memorização apresentadas pela Dynamic Systems — empresa sobre a qual falarei, na bibliografia deste livro —, na qual acabei por me engajar e onde Guto era responsável pela produção daqueles cursos. Torno público agora esse episódio — com a autorização do protagonista — como testemunhal de que, quando se trocam registros negativos por positivos, tem-se tudo para vencer, não importa o que os outros digam ou pensem. Em contrapartida, e para ratificar essa assertiva, eis outro caso, mostrando situação inversa à anterior, que também me foi narrada pelo próprio protagonista:

> Conheci, numa cidade do interior de São Paulo, uma pessoa de destaque na comunidade que acabou sendo vítima dos registros negativos que se permitiu fossem interiorizados, partindo da própria esposa. Embora exercendo cargo público de destaque na cidade, esse personagem gostava — em suas horas de folga — de jogar futebol com os amigos. Aos sábados à tarde, lá ia ele encontrar os amigos para jogar uma pelada. Ia sob os veementes protestos da esposa, que não media censuras para repreendê-lo por isso, dizendo que ele ainda iria se arrebentar todo, podendo até ficar aleijado por meter-se em um jogo tão rude e cheio de brutalidades.
>
> Conforme confessou-me depois, ele procurava não dar atenção às palavras da mulher, fazendo blague com ela e procurando tranqüilizá-la, mas no fundo sentia-se atingido profundamente por aquelas palavras tão pesadas.
>
> Um dia, durante o jogo, ele levou uma bolada no olho. Chegou em casa com o rosto inchado. Bombardeando-o com palavras de recriminação, a esposa ajudou-o a lavar o local da batida e, enquanto iam à farmácia, ela ia repetindo pelo caminho: — Tá vendo!... Eu não falei? Eu falo, falo, mas você não escuta! Olhe o resultado! Um dia você ainda vai voltar aleijado para casa, por causa desse maldito futebol!

Com o ferimento devidamente pensado pelo farmacêutico, voltou para casa ainda debaixo do palavreado da mulher. Não deu grande atenção ao fato, mas, nos dias seguintes, notou que a inflamação não cedia e seu olho ficava cada vez mais irritado. Procurou um médico, que lhe prescreveu tratamento intensivo. Nos primeiros dias a infecção cedeu um pouco, e parecia que o mal seria debelado, mas logo ela voltou, violentamente, e não houve tratamento capaz de resolver. Doses maciças de antibióticos foram-lhe ministradas, sem surtir efeito; ele foi condenado a passar um mês em completa e total escuridão, na esperança de que fosse dominada a infecção. Enquanto habitava aquele mundo de trevas, sua mente era povoada pelas frases da mulher. Esse martírio durou os trinta dias vividos no quarto escuro. Tudo em vão; antes que o mal atingisse o outro olho, foi preciso promover a extração do olho ofendido.

Posteriormente, em conversa comigo, contou que, cada vez que ia jogar futebol com a turma, saía de casa com um aperto no coração, apreensivo com as palavras da mulher.

O que você acha que pode... Você pode.
O que você acha que não pode... Você não pode.
De qualquer maneira, você está certo.
A escolha é sempre sua.

Henry Ford

Re-significação

Se a formação de crenças pode ser perigosa e prejudicial, que dizer das palavras que normalmente usamos? Ao expressar sua convicção numa crença, a pessoa o faz por meio de palavras. Procuramos convencer os outros por palavras. Se cada pessoa tem sua própria interpretação para tudo o que ouve, é para se pensar duas vezes antes de exprimir um ponto de vista.

Conheço uma família, residente numa pequena cidade interiorana, que mandou o filho estudar nos EUA. Para alcançar essa condição, porém, tanto o pai quanto a mãe tiveram de trabalhar muito, deixando de satisfazer necessidades próprias e sacrificando horas de lazer para alcançar o nível de vida que permitisse pagar os estudos do filho. Toda semana eles telefonavam ao menino para ter notícias dele e saber se precisava de alguma coisa. — Está tudo bem, pai. Não preciso de nada — dizia o garoto. Um dia, porém, recebera um telefonema do pai de um colega do rapaz informando que o menino não estava passando bem, sofria constantes privações, alimentava-se mal e estava, inclusive, acamado. Incrédulo, o pai viajou para os EUA para inteirar-se da situação. Realmente, encontrou o filho magro, pálido, abatido e até febril, na cama. Sem querer crer no que via, aquele pai, amargurado, desabafou: — Filho, sempre que eu perguntava se você estava bem, se precisava de alguma coisa, sua resposta era que estava tudo bem e que não precisava de nada. Por que dizia isso, se estava até passando privações? — Com olhar resignado, o estudante respondeu: — Pai, o senhor sempre disse que, para vencer na vida, o homem precisa aprender a "ralar muito, engolir muito sapo" e enfrentar as piores situações. Pois bem, eu estou fazendo a minha parte!

Esse fato, verídico, demonstra que as palavras não significam, necessariamente, aquilo que queremos dizer, mas sim o que os outros entendem delas. Outro dia, trocando idéias com meu colaborador — o Guto —, ouvi dele a seguinte história:

Minha filha tinha oito anos quando, um dia, perguntoume o que era comunismo. Teria sido fácil — e muito mais produtivo — dizer-lhe que essa palavra significa propriedade comum a todos, e que é, também, uma forma de regime governamental. Contudo, pouco afeito à política naquela época, eu mesmo não conhecia bem a fundo esse sistema, além dos comentários e histórias que ouvia a respeito, todas elas descrevendo essa forma de governo como opressiva e ditatorial. Nebulosamente, isso foi o que aprendi sobre esse regime. Ao ouvir de minha filha aquela pergunta, a primeira coisa que me veio à cabeça foi a de incutir-lhe na mente que aquilo era algo perigoso e que devia ser evitado.

Respondi-lhe, quase em pânico: — Verinha! Isso é uma coisa horrível, que deve ser evitada a qualquer custo! Nem pense mais nisso. — Passaram-se os anos e um dia — quando já cursava a faculdade — ela comentou: — Pai, lembra-se quando você me disse que comunismo era uma coisa horrível, que devia ser evitada? Pois é, eu imaginei, na ocasião, que devia ser alguma espécie de monstro, habitante das cavernas e grutas mais escuras, que atacava qualquer pessoa que passasse por perto. Durante anos eu me senti amedrontada, cada vez que ouvia falar em cavernas, grutas ou lugares escuros, até vir a saber, na escola, que comunismo é apenas uma forma de governo.

Algumas coisas que dizemos não são apenas vocábulos enunciados; transformam-se em crenças e acabam sendo seguidas sistematicamente por quem as interpreta como tal.

Em outra ocasião pude acompanhar o desenrolar de um fato em que ficou comprovado o peso das palavras. O homem que conheci nessa ocasião tem uma filha adolescente que sofre de síndrome de Down. Sem domínio sobre suas emoções e movimentos, essa menina de quinze anos não conseguia controlar a salivação e vivia constantemente a babar. A todo instante seu pai tinha de trocar-lhe o babador, que logo ficava novamente molhado de saliva. No desejo de que a filha não pemanecesse constantemente molhada, ele vivia a repetir: — Não babe, filhinha! Veja como você fica com o peito todo molhado de tanto babar! O papai está pedindo: pare de babar!

A impressão que se tinha era de que, quanto mais aquele homem pedia à filha para não babar, mais ela babava. Ofereci-me para pôr em prática, com aquela mocinha, a técnica da re-significação.

Alertei aquele homem sofrido de que a repetição constante de um conceito dá reforço a ele; portanto, quanto mais ele usasse a palavra "babar" — mesmo que pedisse para não fazê-lo —, mais estaria sendo reforçado, no cérebro da filha, aquele registro. Assim, em lugar de fazer aquele apelo, alertei-o para que pedisse o contrário. — Se você deseja que ela não babe — eu disse —, peça-lhe que faça o contrário. Para que ela não fique molhada, qual o conceito positivo que deve ser usado? — Entre incrédulo e admirado, ele anuiu: — Ficar seca?! É isso?

Em apenas uma semana a menina deixou de babar. Toda vez que ia trocar o babador, o pai dizia: — Pronto! Agora você está sequinha, e vai ficar assim, está bem? Veja como é bom ficar sequinha! Fique assim!

É curioso notar que, em certas circunstâncias — para o cérebro humano —, a palavra "não" é desprovida de registro. Se eu disser "Não pense em uma bola vermelha!", essa será a primeira coisa em que você irá pensar. Para evitar isso, eu devo me calar a respeito ou levá-lo a pensar em outra coisa, desviando seu pensamento daquele conceito. Para alcançar os fins que almeja, fale aquilo que você quer que ocorra; use o concretismo da linguagem.

A mãe que não quiser que seu filho urine na cama não deve pedir-lhe para não fazer xixi na cama, nem admoestá-lo por isso. Deve fazê-lo usar o sanitário antes de dormir e aconselhá-lo a "ficar com a torneirinha fechada" até a manhã seguinte, pois será mais gostoso dormir a noite toda na cama seca e quentinha; depois, acordar sequinho no outro dia. Mais efetivo ainda, como reforço, será — logo que a criança começar a dormir — aproximar-se dela com gestos calmos e lentos e sussurrar-lhe ao ouvido que ela vai passar a noite toda sequinha e que terá um sono tranqüilo.

Sei de um médico que tinha por hábito, logo após a cirurgia, ir ao quarto do paciente — quando ainda sob efeito da anestesia — e falar-lhe, aos sussurros, que a cirurgia havia ocorrido a contento, que a recuperação estava ótima e que a cicatrização estava se dando rapidamente, porque as células estavam trabalhando em ritmo acelerado para que isso ocorresse. Ao acordar, o paciente dizia haver sonhado que o cirurgião estivera em seu quarto e ficara longo tempo ao seu lado. O índice de complicações pós-operatórias e infecções em seus pacientes era zero.

9

Linguagem hipnótica — A sutileza que leva a grandes conquistas

Quatro ferramentas imprescindíveis para a liderança eficaz

1 — Espelhamento
2 — As cinco verdades
3 — Ancoragem
4 — Emparelhamento

Aquele que se propõe ser *Líder 24 horas por dia* precisa impor, com tranqüilidade, e isso não acontece por acaso. Não são os belos olhos de alguém que o tornam Líder. Instintivamente, ou pelo aprendizado de técnicas, o Líder vai alicerçando sua posição de comando. O Líder aprende a sê-lo, mercê de observação e determinação. Para facilitar essa tarefa, foram criadas técnicas que, quando seguidas à risca, ajudam-no a vencer os obstáculos e a abrir caminho para essa liderança. Vamos a algumas delas:

1 — Espelhamento

Essa técnica é utilizada para entrar-se em *rapport* (sintonia) mais rapidamente, ainda que não se tenha identificado o canal preferencial da outra pessoa. É mais fácil gostar ou confiar em quem se parece conosco. Todavia, não basta identificar o canal bruxo; é preciso treiná-lo para tê-lo sob controle, e saber utilizá-lo quando necessário para obter resultados positivos. Cuidado para não rotular as pessoas ao tentar descobrir suas preferências representativas (visual, auditiva ou cinestésica). Essa descoberta contribui para uma comunicação mais eficiente e eficaz. Entretanto, algumas pessoas perguntam: "Como fazer, quando não consigo identificar o canal preferencial, ou o bruxo, de alguém?" O espelhamento tanto serve para treinar e fortalecer seu canal bruxo quanto para entrar em sintonia mais rapidamente com a outra pessoa. Para que isso ocorra é preciso que o outro se sinta à vontade e completamente solto. Sutilmente, procure fazer como se estivesse diante de um espelho, imitando gestos, tom de voz, postura e ritmo, ao falar; enfim, procure ser como aquela pessoa é. Siga com ela o assunto da preferência dela; ouça com atenção, mostre interesse no que ela diz e deixe que ela fale à vontade. Permitindo que isso aconteça, você estará usando a técnica de espelhamento, muito importante quando se quer ou se precisa conhecer as pessoas mais a fundo.

As pessoas sentem-se melhor quando os outros estão em harmonia com suas idéias e pontos de vista, qualquer que seja o assunto. Ao colocá-las à vontade, ouvindo-as com atenção, mostrando interesse no que elas falam, você as estará tirando da defensiva e levando-as a relaxar. Com isso, elas baixam a guarda, saem da posição de defesa e acabam permitindo que você as conheça melhor.

Entre outras razões, essa é uma técnica poderosa para fazer amigos. Outro motivo é usar a técnica de espelhamento para treinar seu canal bruxo, que costuma atrapalhar seu relacionamento. Uma vez identificado qual é ele, procure alguém que tenha aquele canal como preferencial e faça espelhamento com essa pessoa. Ao obrigar-se a agir espelhado no outro, você localiza com mais facilidade quais são suas dificuldades e as dos outros. Por exemplo: se você é visual, e só consegue expressar-se efetivamente por intensa gesticulação, espelhe-se no método de comunicação de um auditivo — que gesticula pouco —, procure conversar com ele expressando-se mais com palavras do que com gestos — como ele faz —, segure sua gesticulação e sinta qual o seu grau de dificuldade nessa ação. Uma vez identificada a dificuldade, treine essa deficiência em que você se sente incompetente[1]. Dessa forma, vencida essa fraqueza, embora saiba que pode continuar gesticulando ao falar, você estará apto a fazê-lo moderadamente e com total domínio sobre essa habilidade. Como o "mercado da vida" paga melhor os melhores talentos e habilidades, adquira mais esta forma de aprimorar sua habilidade nesse talento, sabendo ainda que, ao agir assim, você está facilitando a comunicabilidade do outro.

Treinando com determinação o uso dessa técnica, você será capaz de superar as dificuldades que seu canal bruxo insiste

1. "Aquele que não consegue ou sente dificuldade em competir. Essa palavra, no sentido lato, não é ofensiva, mas, por meio da deturpação em seu uso (conduzida por falsas crenças), tornou-se depreciativa. (N. da A.)

em lhe causar e de alcançar total domínio sobre ele. Você compreende a importância que isso representa no trato com as pessoas. Ao demonstrar liderança no trato com elas, duas coisas acontecem: você adquire mais segurança para posicionar-se perante elas, e elas sentem mais confiança no trato com você. Esses fatos são geradores de harmonia no convívio, em qualquer área da vida. Essa é a função do *Líder 24 horas*.

Outra técnica para dar reforço ao espelhamento é promover a manutenção desse *status quo*[1]. Ela está compreendida na linguagem hipnótica[2]. Essa "ferramenta", quando usada concomitantemente ao espelhamento, torna-se mais forte.

Lá pelas tantas, quando sentir que seu interlocutor já está bem à vontade com você, comece — aos poucos e com suavidade — a trazê-lo para o seu canal preferencial. Vá mudando lentamente seu posicionamento; primeiro simule uma leve mudança na postura, na gesticulação ou no tom de voz; deixe de apoiar sistematicamente os pontos de vista dele e comece a colocar os seus.

Preste atenção para que isso aconteça suavemente. Quando sentir que ele já está "embarcando na sua canoa", faça um teste para saber se ele está à vontade na sua "embarcação". Simule um gesto qualquer, como coçar o nariz ou a ponta da orelha; passe o dedo na ponta do queixo; faça uma pequena careta, como se fosse um cacoete; enfim, force uma gesticulação inusitada e perceba se, após alguns minutos, ele o acompanha. Se ele não o fizer na primeira vez, repita o gesto. Não é imprescindível que ele imite seu gesto, mas note se ele começa a se movimentar e a gesticular com mais fre-

---

1. Por *in statu quo ante*, no estado em que estavam as coisas anteriormente. (Cf. *Pequeno Dicionário Enciclopédico Koogan Larousse*.) (N. da A.)
2. Difere do conceito de hipnose comum, em que as ordens são dadas para o inconsciente. (N. da A.)

qüência e naturalidade. Se estiverem ambos sentados, aproxime sua cadeira da dele e incline o corpo, de modo a ficar com a cabeça mais próxima dele, sempre atento para sentir os movimentos corporais dele, em resposta aos seus gestos. Repare também se ele fica mais solto ao falar. Se necessário, repita essas atitudes, até senti-lo à vontade.

Quando você muda algo e o interlocutor também muda, é sinal de que você está no comando; então poderá, aos poucos, trazê-lo para seu canal, ou colocar seu ponto de vista, bem como usar outras ferramentas da linguagem hipnótica, como a ancoragem, que veremos adiante, ou...

2 — As cinco verdades

Ao julgar chegado o momento propício — na linguagem hipnótica —, use um argumento que possa servir de "gancho" para puxar o tema que você queria abordar. Ao chegar a esse ponto, contudo, é preciso que a conversa tenha sido séria e consistente o bastante para que ele acredite em você. Mais que isso: ao lhe dar crédito, ele deve também confiar em você. Isso é importante para os passos a seguir. Já com subsídios suficientes para saber um pouco da vida dele, faça quatro afirmações sobre coisas que ele lhe tenha dito. Por exemplo: *Suponhamos que ele lhe tenha contado que é advogado, casado, tem dois filhos e quer prestar concurso para a promotoria pública.* Aqui você já tem quatro afirmações contadas por ele. Em PNL, fatos como esses são chamados fatos verificáveis. Têm esse nome porque essas afirmações podem ser verificadas a qualquer instante, independentemente de tempo e espaço. É importante deixar claro que, nesta técnica, fatos verificáveis diferem de verdade. Para tornar ainda mais claro, vamos especificar a diferença entre os dois. Uma verdade pode ser apenas regional ou nacional — como, por exemplo: o povo espanhol e o mexicano têm 4 horas de folga para o almoço. Isso é uma verdade, em termos de realidade, apenas nesses dois países. Nesta técnica, isso se denomina verdade. Eu sou brasileira. Esse é um fato verificável, porque minha carteira de identidade comprova isso a qualquer instante. Um fato verificável está acima da verdade porque a verdade está condicionada a uma época e um lugar (nos séculos passados, o conceito de beleza feminina era relevado pela figura de mulheres gordas e barrigudas), e o fato verificável não está preso a essas condições.

Uma vez que (em PNL) o fato verificável é mais forte que a verdade, levando essa pessoa a acreditar e confiar em você, é hora de colocar as cinco verdades.

Confiança

↓

Credibilidade

↓

Como conquistá-la

↓

Cinco verdades

Conforme já foi mostrado, você tem quatro fatos verificáveis sobre ele: reafirme esses fatos e, em seguida, coloque — como quinta verdade — aquilo que você quer que ele assuma como verdade. Pelo fato de haverem sido colocadas quatro verdades incontestáveis — ele é advogado, casado, tem dois filhos e quer prestar concurso para magistratura —, a quinta verdade deverá ser tranqüilamente aceita. (Lembre-se: nestas afirmações não devem ser utilizados adjetivos, advérbios etc. Por exemplo: em vez de dizer: "Você é alto", deve ser dito "Você tem um metro e oitenta de altura".)

Quando quiser — ou precisar — convencer alguém sobre alguma coisa, use as regras mostradas na tabela a seguir:

5 verdades
4 (afirmações verificáveis) + 1 (alucinação) = 5 verdades
3 (afirmações verificáveis) + 2 (alucinações) = 5 verdades
2 (afirmações verificáveis) + 3 (alucinações) = 5 verdades
1 (afirmação verificável) + 4 (alucinações) = 5 verdades

Primeiramente coloque quatro fatos verificáveis e uma alucinação.

(Em PNL, alucinação é uma afirmação que ainda não é necessariamente comprovável.)

A alucinação — quinta afirmação — poderá ser, por exemplo, a certeza que você tem de que ele será aprovado no concurso para promotor, e que você o aplaudirá quando ele vier lhe contar a novidade. Acompanhando a tabela que você acabou de ver, tente — a seguir — três fatos verificáveis e duas alucinações. Siga a tabela até chegar a um fato verificável e quatro alucinações. Então você o terá totalmente sob seu controle. Caso ele titubeie em algum ponto, volte ao início e recomece tudo.

Essa técnica é muito efetiva quando se quer incentivar alguém que precisa passar por uma prova difícil ou então para criar um estado — autoconfiança, coragem, força, certeza — ou, ao contrário, quando se quer desencorajar, minar as forças, com relação a algum objetivo julgado negativo.

3 — Ancoragem

Ao pôr em prática a linguagem hipnótica, use, como reforço, a ancoragem. No momento em que afirmar que ele se sairá bem no concurso, ponha — por exemplo — a mão no joelho dele; ancore a mão no joelho dele. Cada vez que usar a alucinação, torne a pôr a mão no joelho dele. A isso se chama ancoragem cinestésica.

Os pontos mais fortes para ancoragem são: pescoço, ombros, joelhos, tornozelos — caso ele esteja de pernas cruzadas —, pulsos e a parte superior dos braços. Essas âncoras devem ser usadas no instante em que você sinta que criou um estado para isso. Ao perceber que atingiu o estado desejado, ancore no ponto alcançado.

Podem-se criar âncoras:

Auditivas — Numa palavra, num som (ruído ou música). Muitas pessoas têm, numa determinada melodia, uma forte ancoragem, entrando em estado de êxtase, euforia ou tristeza, estado esse que tende a perdurar enquanto o som permanecer, e até prolongar-se por algum tempo depois.

Visuais — Numa cor, num objeto, numa imagem, num símbolo; muitas vezes uma pessoa pode se transformar numa âncora.

Tanto é eficaz ancorar em outra pessoa — quando se quer criar um estado — como é muito forte a auto-ancoragem. Cria-se um estado — som, imagem — que leva a uma sensação. A criação desse estado provoca um conjunto de características próprias: o ritmo cardíaco se modifica; as ondas cerebrais se alteram; as supra-renais jogam adrenalina na corrente sanguínea.

Algumas pessoas sentem hipersensibilidade na pele, em forma de queimadura ou arrepios; outras sentem como se tivessem borboletas no estômago, ou sentem contrações nesse órgão; outras, ainda, acusam pressão no peito ou uma espécie de aperto na garganta. Em suma, cria-se uma química peculiar.

Ao ser criado um estado, com a sensação de som e imagem fortes, estas, se localizadas à frente, com nitidez, acusam grande desejo de realização de alguma coisa ou temor de que algo aconteça. Quando essas imagens aparecem à esquerda, simbolizam desejos arquivados. Se aparecem à direita, significam o desejo ou o temor de que algo venha a ocorrer.

Foram essas reações — acusadas em testes — que levaram Bandler e Grinder a criar o que eles denominaram "Linha de tempo", que veremos mais à frente.

Diante de todas essas informações, fica aqui um alerta: cuidado com as ancoragens negativas. Elas não são raras e podem trazer danos muito sérios. Acompanhe este exemplo, que mostra uma cena que acontece com freqüência:

> Final de mês: o garoto posta-se à frente do pai e lhe mostra o boletim, repleto de notas baixas. Após passar-lhe um sermão, aquele pai dispara, enfurecido: — Com estas notas, sabe o que você vai ser na vida? — Mostra-lhe o boletim, bate com as costas da mão sobre as notas, apóia o dedo indicador no ombro do filho e arremata: — Sabe?! Com estas notas, você vai ser... lixeiro! Ouviu bem? Lixeiro! É isso que você vai ser!

Âncora gera crença, verdade que pode disparar mecanismos inconscientes. Ancorando no ombro do filho, com uma mensagem desse tipo, o que mais ele poderia esperar?

> Passam-se os anos e, um dia, ele se lamenta com um amigo: — Fiz de tudo para que meu filho fosse alguém na vida, e hoje ele não passa de lixeiro. E não foi por falta de aviso. Aliás, bem que eu falei que isso ia acabar acontecendo!

(Quero deixar bem claro que tenho o maior respeito pela digna profissão de lixeiro. O exemplo dado quis mostrar a atitude negativa do pai e as conseqüências dela. Nada, porém, que deprecie ou desonre essa humilde porém honrosa profissão.)

Quando bem utilizada, a ancoragem pode ser transformada em uma ferramenta poderosa, pois pode ser usada ou desfeita a qualquer momento.

4 — Emparelhamento

Há ocasiões na vida de todos nós em que nos vemos envolvidos em situações nas quais, embora não nos julguemos responsáveis, acabamos — de uma forma ou de outra — pagando algum tipo de tributo. Isso pode acontecer em qualquer área da vida, sendo muito comum na área profissional. No exemplo que vai ser apresentado, vamos mostrar uma técnica que, quando bem utilizada, pode livrar você desse tipo de aborrecimento.

> A secretária entra na sala do chefe e posta-se diante da mesa dele, portando uma carta já aberta. Estende o documento na direção dele e procura dar as explicações: — Olha! Chegou a correspondência do banco. Tá vendo? Lembra daquele cheque pré-datado que o senhor deu? — Com a outra mão ela aponta na direção do chefe. — Ele foi depositado antes do prazo, e o seu gerente devolveu. E agora? Taí! Tô passando a bomba pra sua mão.

Imagine o que esse executivo deve estar sentindo. Com o raciocínio ligado em outro assunto importante qualquer, é interrompido pela secretária, com a intimação para que ele resolva aquele problema. No afã de eximir-se de qualquer possível culpa, ela o agride com palavras e gestos, pela forma como apresenta o problema e pela postura que toma na frente dele. Na mente desse homem devem estar passando muitos pensamentos, menos o de que ela é uma "moça bem-nascida". A reação mais comum desse chefe será a de descontar em alguém a culpa por aquele erro, e a pessoa mais próxima — para ele descarregar sua ira — é... a própria secretária.

Vamos rever a forma como ela viveu aquela situação: "o cheque que o senhor deu... o seu gerente devolveu... a bomba pra sua mão". Tudo isso com o dedo em riste, acusatoriamente apontado para ele, como se fosse um estilete a espetar-lhe o peito.

Como evitar isso? Cada vez que se recebe uma notícia desagradável, e é preciso levá-la a alguém, está-se sujeito a uma reação também desagradável por parte de quem recebe a notícia. Então... que fazer?

Primeira providência: abordar o chefe lateralmente.

Em lugar de se postar à frente dele, ela deve dar a volta à mesa e colocar-se ao lado dele.

Segunda providência: entregar-lhe a carta fechada, esperar que ele a abra, para então explicar o fato da maneira correta:

"Chegou a correspondência do banco. É interessante que o senhor leia, porque parece que traz um assunto que pede atenção especial. Olhe! — Postada em pé, ao lado dele, no momento em que ela aponta para a carta, o dedo não está na direção do chefe. — Tá vendo? Lembra-se daquele cheque pré-datado que foi dado para aquela empresa? — Ao dizer "aquela empresa" ela deve apontar mais para diante, à direita dele. — Olhe! Depositaram antes do prazo, e o gerente do banco devolveu. — Ao mencionar a palavra "gerente", apontar para a esquerda dela, bem distante da mesa do chefe. — O que o senhor acha que deve ser feito antes? Falar com a empresa? — Apontar para a direita dele. — Ou falar com o gerente do banco? — Apontar para a esquerda.

A primeira coisa que ele vai fazer é olhar para a frente. Essa é uma reação natural e instintiva. Ela não está à frente dele, não o colocou como responsável pelo incidente. Ao apontar para diante e para a direita, ela terá ligado uma possível culpa à empresa que depositou o cheque. Ao referir-se ao gerente, ela apontou à esquerda. Se ele quiser jogar a culpa em alguém, será na empresa, ou no gerente. Ela está de lado, fora do alvo, longe da ira dele. No momento em que a raiva dele explodir, ao fazer as acusações, elas deverão ser dirigidas primeiramente à empresa. Ao descarregar o que sente, ele olhará para o ponto onde ela colocou a empresa — à direita dele —, esbravejando e gesticulando naquela direção. Ao fazer acusações contra o gerente, ele dirigirá o olhar, os gestos e as palavras para a esquerda, onde ela colocou o gerente. Essa ação é involuntária e inconsciente. Toda a carga negativa que ele descarregar nesse momento será contra a empresa e o gerente, como se estivessem ali, presentes, o funcionário da empresa, que descontou o cheque, e o gerente, que não tomou as providências cabíveis. Ela nem terá entrado na confusão.

Em linguagem hipnótica, essa técnica é chamada Emparelhamento. Ao colocar-se ao lado do patrão, encarando com ele a situação — que ela colocou à frente —, a secretária dissociou o problema de ambos.

Linha de tempo — Assuma o comando sobre o seu passado, presente e futuro

Qual a duração de um sonho? Por mais longo que seja, por mais acontecimentos que se encerrem nele, estudos mostram que não dura mais que três a cinco segundos, em média. Isso porque, na dimensão em que se passa o sonho, não existe a proporção tempo-espaço. Também quando acordados, as boas lembranças da infância, da juventude ou dos momentos de grande emoção — ou de tensão — podem levar-nos a reexperimentar aquelas sensações, como se as vivêssemos no instante em que nos ligamos nelas. Podemos trazer o tempo para bem perto do nosso presente ou afastálo para bem longe.

Vamos fazer o que em PNL é chamado realinhamento da Linha de Tempo. Cada vez que for colocar em ação essa técnica, você deve, antes, sentar-se comodamente, com a coluna vertebral ereta, manter a cabeça voltada para a frente, evitar cruzar braços e pernas e respirar lenta e profundamente por pelo menos dois minutos.

Para compreendermos mais dinamicamente essa técnica, vamos utilizar um sistema usado por pilotos militares, quando em situação de batalha.

Durante uma peleja aérea — disputada entre aviões supersônicos — não haveria tempo para avisar um companheiro, pelo rádio, de que lado estaria vindo o ataque inimigo, norteando-se apenas pelos pontos cardeais. Além disso, arremetendo, mergulhando e virando para todos os lados, em velocidades superiores à do som, seria impossível determinar, instantaneamente, o que é norte, sul, em cima ou embaixo. Para suprir essa falha, criou-se um método infalível de localização dentro do espaço aéreo.

Cada piloto é treinado a imaginar seu avião como se fosse o eixo dos ponteiros de um grande relógio. O bico da aeronave estaria sempre apontando para as 12 horas; as asas apontariam para 3 e 9 horas, e a cauda mostraria as 6 horas. A linha imaginária do horizonte seria o prolongamento — de ambos os lados — do olhar do piloto. Assim, ao ser avisado "Inimigo às 9 horas" — imaginando-se sobre um relógio —, o piloto tem noção exata do ponto para onde deve olhar, para localizar o inimigo. Se o comando for: "Acima do horizonte", ele deve olhar para cima, não importando a posição em que esteja. No caso destes dois comandos, ele olha para a direção correspondente a 9 horas — no relógio — e para o alto. Dessa forma foi encontrada a fórmula para localizar um ponto minúsculo — o avião inimigo — na imensidão do espaço.

Embora em dimensões muito menores, vamos usar o mesmo método para identificar os pontos a serem localizados nesta técnica.

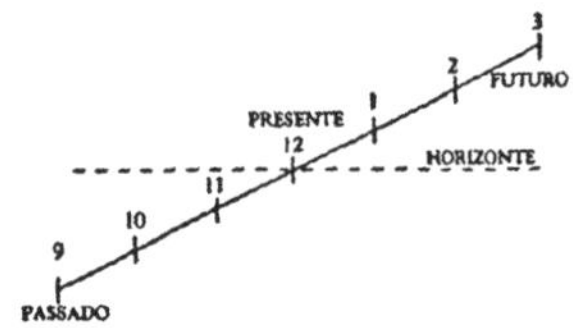

Após colocar-se na posição indicada e fazer os exercícios respiratórios recomendados, feche os olhos e procure recordar algum fato bem corriqueiro de sua infância, ocorrido por volta dos 5, 6 anos de idade, e traga as imagens para uma tela mental. Ao enxergar a imagem — com os olhos da mente —, localize o ponto, diante de você, onde ela apareceu.

Antes de abrir os olhos, procure levar a mão o mais exatamente possível ao ponto onde essa imagem aparece. Em seguida, abra os olhos e veja onde está sua mão: 10 horas? 11 horas? Acima ou abaixo do seu horizonte? A cena em si não é importante neste teste; o que importa é você guardar exatamente o ponto, à sua frente, onde ela ocorreu. Procure guardá-la na memória (ou anote em um papel, se preferir).

Se acaso sentir alguma dificuldade para "enxergar" a cena, não se preocupe[1]. Algumas pessoas têm um pouco mais de dificuldade para conseguir isso no início. Com a continuação e com determinação, essas imagens acabarão por se formar; insista com tranqüilidade.

Vamos adiante:

Agora — se você tem até 15 anos, mais ou menos — lembre-se de alguma coisa ocorrida por volta dos 8 anos. Se estiver acima dessa idade, traga para sua tela mental um fato

1. "Pre-ocupar-se" — ocupar-se de um fato que ainda não ocorreu e que pode nem vir a ocorrer. (N. da A.)

ocorrido no início da adolescência, aos 15 anos, ou por aí. Lembre-se de que deve ser um fato comum e trivial.

Localize o ponto onde apareceu a imagem, levando a mão até lá, antes de abrir os olhos. Novamente verifique em que ponto do relógio ela está e se se encontra abaixo ou acima do seu horizonte. Registre o local. Feche novamente os olhos e recorde algo comum, acontecido cerca de um ano atrás. Aponte, abra os olhos, verifique o local e anote.

Feche os olhos e pense em algo ocorrido aqui e agora. Veja a cena e localize o ponto onde ela foi vista por você. Anote. Idealize agora algo simples que você queira — ou imagine — que venha a ocorrer daqui a um ano. Localize e anote.

Seguindo os mesmos passos, pense em alguma coisa que só possa acontecer dentro de cinco anos. Localize e anote.

Agora quero que você imagine um fato que deva ocorrer daqui a quinze anos. Localize e anote.

Para aqueles que possam ainda sentir alguma dificuldade em formar a tela mental, algumas recomendações: treine, na mente, a elaboração de imagens. Olhe para um ponto iluminado, feche os olhos e procure continuar enxergando aquela luz; ela vai mudando de cor, mas procure não perder a sua forma. Coloque um objeto em local bem iluminado; olhe fixamente para ele, feche os olhos e procure vê-lo o maior tempo possível, enquanto ele continua gravado na retina. Quando sentir que a imagem está ficando apagada, abra rapidamente os olhos, torne a fixar o objeto e feche novamente os olhos. Todas as pessoas possuem os três canais — visual, auditivo e cinestésico — trabalhando internamente. Neste caso, trabalhe o seu "visual interno" ordenando que ele lhe dê as imagens solicitadas.

Tome um objeto simples, segure-o à sua frente — contra uma parede branca — com o braço esticado e, depois de olhá-lo por algum tempo, procure vê-lo com os olhos fechados; se ele começar a sumir, circunde o objeto com o dedo indicador da outra mão — sem abrir os olhos — e procure recapturar a imagem, cinestesicamente. Caso persista — mesmo depois de treinar — a não visualização interna, com nitidez e em cores, procure um médico, pois, segundo esclareceu-me o doutor Eduardo Gomes Azevedo, geriatra conceituado de São Paulo, isso pode significar falta de melatonina (recente descoberta no campo da medicina).

Estando você bem de saúde, basta acreditar e trabalhar, para dominar a técnica. Esses exercícios são recomendados porque, pela visualização mental, fica mais fácil trabalhar a linha de tempo e alcançar as metas estipuladas. Ao visualizar internamente o que você deseja, as possíveis mudanças que precisam ser feitas se tornam mais fáceis de serem vistas e executadas. Você tem condição de mexer as peças como se fosse um jogo de montar.

Bandler e Grinder observaram que a todas as pessoas que apresentavam algum tipo de fobia, medo, trauma ou ansiedade, ao lhes ser solicitado que trouxessem um fato à mente, as imagens apareciam à frente ou à direita. Bandler mostrou que em nossa mente existe uma linha de tempo, a qual devemos exercitar para manter sempre bem aguçados tanto os três canais internos quanto os externos. (Isso só depende de acionarmos a habilidade de "vigiar", assunto que já foi tratado em capítulo anterior.) A dança é um ótimo método para aguçar o canal cinestésico. Ao movimentar-se no ritmo da música, está-se acionando, ordenada e coordenadamente, os três canais tanto internos quanto externos.

Como conseqüência do trabalho desses pesquisadores, ao redor do mundo, eles chegaram ao seguinte resultado: as pessoas que conseguem não se preocupar profundamente, que não ficam apegadas aos acontecimentos do passado, que não têm traumas ou fobias, pessoas que planejam sua vida com vista no futuro, que atingem suas metas; enfim, aqueles que conquistam sem grande dificuldade as coisas que planejam na vida, são pessoas convencionalmente chamadas normais. Suas linhas de tempo são colocadas da seguinte forma:

As telas mentais formadas pelas recordações do passado localizam-se em 9 horas, bem abaixo da linha do horizonte. Conforme vem se aproximando o presente, o ponteiro vai caminhando para as 12 horas e alcançando a linha do horizonte. As metas futuras vão-se dirigindo para as 3 horas e subindo acima da linha do horizonte. Quando essa linha é trabalhada dessa forma — reta e ascendente —, vindo de 9 para 3 horas — sempre em ascensão —, os obstáculos são mais facilmente transpostos; as pessoas têm as coisas sob seu controle.

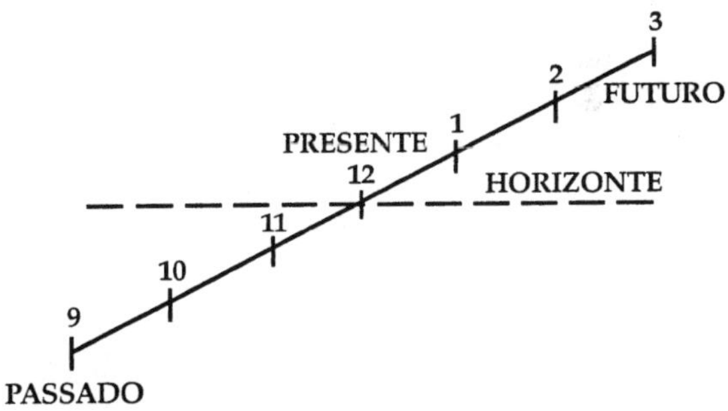

Nos exercícios explicados logo atrás, foi-lhe pedido que colocasse fatos simples e corriqueiros na sua tela mental para "montar" a linha de tempo, porque a vida de cada um de nós é formada por uma infinidade de acontecimentos corriqueiros, entremeada de algumas ocorrências menos comuns. Se você pensar em um acontecimento muito forte, marcante, que fuja à regra, sua linha de tempo ficará falsa. A linha de tempo que segue as normas, e não a exceção, é mais verdadeira.

As imagens do passado — ou do futuro — que aparecem à frente e próximas dos olhos não são corriqueiras; são fatos marcantes, que causaram pelo menos algum impacto emocional, de tal forma que são visualizados na faixa que corresponde ao presente. São eventos que permanecem até hoje na memória. Se a lembrança é de algo bom, ou ruim, não importa; esse fato continua tendo peso, aqui e agora, porque continua — no presente — a afetar os valores da pessoa. O que aparece à frente e próximo dos olhos precisa ser presente; não deve ter referência ao passado ou ao futuro. As cenas que são representativas do passado — e que permanecem lá — precisam estar situadas em 9 horas e abaixo da linha do horizonte. Quando o passado aparece à frente — 12 horas —, aquele fato vem carregado de fobias, medos, sentimentos de ódio, raiva, mágoa. É preciso pegar todos esses eventos e transportá-los para 9 horas e abaixo da linha do horizonte. É para lá que precisam ser levados e... diluídos, até sumirem.

Quando imagens do passado — 9 horas — aparecem na direção de 1 a 3 horas, acima do horizonte (futuro), mostram o desejo de reviver momentos já vividos. O endomecanismo[1] vai induzir a pessoa a criar circunstâncias que propiciem a repetição daquela experiência a qualquer custo; forças interiores irão conduzi-las para aquilo. Mesmo que seja um acontecimento desagradável — como, por exemplo, um acidente —, o medo da repetição daquele fato induz à reprodução dele. Sabemos que o medo, quando fora de controle, exerce força atrativa, assim como o desejo — quando obsessivo — provoca uma força contrária, repulsiva.

Conheci uma moça, em Joinville, que havia sofrido um acidente automobilístico bastante sério, que a deixou psiquicamente traumatizada para dirigir. Não querendo se deixar envolver por aquele medo, obrigou-se — de tempos em tempos — a pegar novamente o volante do carro. "Quando isso ocorria, porém, era um verdadeiro caos, pois enquanto não vinham carros em sentido contrário, tudo ia bem, mas bastava que eu avistasse um veículo vindo em minha direção para

1. "Endo" — para dentro —, mecanismo interior. A referência, neste caso, é aos desejos levados para dentro do cérebro e registrados lá. (N. da A.)

que minha mão começasse a torcer involuntariamente o volante em direção àquele veículo. Quando me dava conta disso, eu jogava meu carro em sentido contrário, o que me levou, mais de uma vez, a cair no acostamento e quase ocasionar novos acidentes."

Após tomar conhecimento da técnica de realinhamento de tempo, ela notou que colocava a cena do acidente à altura de 2 horas — acima do horizonte. Localizado o mal e encontrado o remédio, ela soube, naquele instante, qual "medicamento" deveria usar. Cada vez que lembrava a cena — vista em 2 horas e acima do horizonte — ela a trazia, mentalmente, para 9 horas, abaixo do horizonte.

Não são raros os casos de mulheres que apanhavam do pai quando crianças e que, ao se tornarem adultas, casam-se com homens rudes e violentos, que chegam a agredi-las fisicamente. Separam-se do marido e juram que jamais se casarão outra vez. Logo, porém, estão novamente unidas a um homem rude, violento, do qual estão, outra vez, sofrendo agressões físicas. Se fôssemos fazer-lhes o realinhamento da linha de tempo, iríamos observar que a cena de infância — dos castigos físicos infligidos pelo pai — estaria em 2 horas e acima do horizonte.

Na medida em que somos capazes de promover essas mudanças, nosso enfoque sobre aquele fato também muda, assim como muda nossa atitude.

A pessoa que coloca o presente à altura de 9 horas está "arquivando" o presente, como se já fosse passado. É mais ou menos assim: alguém lhe conta que fez um curso de PNL, no qual aprendeu várias técnicas novas, convidando-o a fazê-lo também. Imediatamente ele replica que já conhece essas técnicas e que as domina, todas elas. É até capaz de discorrer, por alto, sobre algumas delas. Na realidade, o que aconteceu foi que um amigo contou-lhe que havia lido a respeito, deu-lhe uma ou outra explicação sobre as técnicas, o que foi suficiente para que ele julgasse ter domínio sobre a matéria, como algo já realizado e "arquivado". Registra como conhecida uma técnica sobre a qual nada sabe. Leva um fato do presente, para o passado e arquiva-o lá. É o conhecido "Dr. Sabe-Tudo", que não vive adequadamente o presente; pode enganar no início, mas acaba sendo desacreditado por não haver desenvolvido — no presente apropriado — as técnicas que afirma conhecer.

Em contrapartida, quando ele coloca o presente no futuro, pode-se afirmar que costuma procrastinar, jogando para o amanhã aquilo que deveria ser feito hoje.

Amanhã ele fará o curso de PNL, amanhã fará isto, amanhã fará aquilo. Para o cérebro, amanhã é, sempre, amanhã. Os registros colocados na mente com programação para amanhã são entendidos pelo cérebro como assuntos a serem deixados para o dia seguinte, e, por ser "dia seguinte", nunca virão a ser "aqui-agora".

Veremos agora o que ocorre quando o futuro aparece no passado:

Todo fato cuja realização está idealizada para ocorrer em tempo futuro, mas que tenha sido colocado na altura de 9 horas na tela mental, estará com a programação mental "já realizada", ou seja: embora tenha intenção de fazer aquilo, a pessoa encontrará sempre uma justificativa para postergar. Vai protelando até poder justificar-se de que aquela meta perdeu a razão de ser, já não vale mais a pena. Então a arquiva no passado. Essas programações tornam-se tão instintivas que as reações são imediatas.

As metas programadas para o futuro que são colocadas no presente denotam ansiedade. Embora o objetivo só tenha condição de se realizar dentro de um ano, a pessoa se inquieta, quer que o tempo passe depressa, vive falando a respeito e não tem a prudência de esperar a hora certa para acionar o que deve ser feito. Pessoas assim carecem de algo que se chama "temperança"; não sabem saborear o tempero das metas que estipulam.

É o caso daquela mãe que vive dizendo: "Ah! Não vejo a hora de ver minha filha mocinha usando salto alto e maquilagem". Quando esse tempo chega, ela diz: "Nossa! Minha filha já é uma moça! Cresceu tão rápido que eu nem vi o tempo passar!" Essa mãe viveu tão ansiosamente o futuro que deixou de viver o presente, e quando tentou resgatá-lo, já era tarde; perdeu a chance de ir "curtindo" o sabor de acompanhar as pequenas transformações que foram ocorrendo naquela criança, até se tornar mocinha.

Percebe-se, portanto, que cada coisa deve ser vivida de seu jeito e a seu tempo; cada coisa em seu devido lugar. Sempre que tentamos mudar a Lei Natural das Coisas, torcemos fatos, deturpamos conclusões e mudamos, às vezes para melhor, às vezes para pior.

Como evitar isso? Basta que realinhemos a linha de tempo. Vamos ver como se consegue fazer isso: cada vez que reprojetamos nossa linha de tempo, colocando cada coisa em seu lugar, entendendo que, se 9 horas significa passado, é lá que devemos pôr os fatos passados. Se 3 horas é futuro, vamos deixar lá as coisas que ainda precisam de tempo para acontecer. Doze horas: é aí que devemos colocar ação, para que as metas sejam alcançadas com harmonia.

É interessante notar que fatos já passados perderam sua força de ação; as metas futuras ainda não têm essa força. Só o presente está carregado de força de ação, tendo, portanto, capacidade de realização. Ao reorganizarmos nossa linha de tempo, estaremos colocando ordem na lei natural das coisas e dando força ao presente, que é eterno. Assim estaremos em condições de enxergar melhor as coisas e, dessa forma, estaremos vivendo melhor conosco mesmos. Lembre-se: você é o diretor do "filme" de sua vida. É importante que saiba dirigi-lo com competência.

1º Passo — O que está impresso em sua mente tem imagem e som e provoca sensação

Submodalidades visuais

As modalidades — visual, auditiva e cinestésica — que temos dentro da mente são divididas em submodalidades. Diz Aurélio Buarque de Holanda Ferreira que modalidade significa "maneira de ser peculiar a cada indivíduo; modo de existir; forma, aspecto ou característica de uma coisa, ato, pensamento, organização etc.".

Inteirados do sentido mais amplo dessa palavra, podemos dizer que, se formos vítimas de algum tipo de trauma, os sintomas desse mal poderão ser diminuídos ou até extintos, se trabalharmos com suas submodalidades. Por outro lado, as metas — os objetivos que estipulamos — podem ser fortalecidas quando usamos adequadamente nossas submodalidades.

Luminosidade — Para dar força a uma meta que se encontra distante, no futuro, vamos lhe dar luz; torná-la brilhante e luminosa, para que se torne mais clara e explícita. E se a luminosidade estiver ligada a um trauma?

Suponhamos que alguém tenha sido atropelado à noite e o trauma apareceu em forma da luminosidade causada pelos faróis acesos do carro (última imagem de que a vítima teve lembrança, antes de perder os sentidos). Como extirpar esse trauma? Procure ir reduzindo — na imagem traumática — a luz dos faróis do carro, até extingui-la de vez.

Tamanho — Se for um trauma a ser eliminado, procure reduzir o tamanho. Quando se tratar de meta a ser implantada na mente, o tamanho deve ser ampliado.

Associação-dissociação — Alguém que se sinta associado a uma cena traumática deve procurar dissociar-se dela, eliminando a si próprio da cena, apagando toda e qualquer participação sua na cena. Se se tratar de algo positivo, desejado pela pessoa, ela deve associar-se à cena criada em sua tela mental.

Distância — É fácil, depois que se está familiarizado com a criação de telas mentais, afastar ou aproximar uma cena.

Se ela for traumática, afaste-a o mais possível. Se estiver dentro de seus planos de realização, aproxime-a.

Movimento — Se a cena for traumática, a pessoa deve imaginar-se congelando a imagem, como quem aperta a tecla *pause* de um vídeo; caso contrário, deve dar-lhe movimento mais dinâmico.

Brilho — No caso de se desejar eliminar a cena, basta tirar-lhe paulatinamente o brilho, até senti-la apagada, e vice-versa, no caso de uma meta positiva.

Cor — Cada vez que quiser eliminar uma cena, a cor deve ser tirada; vá retirando progressivamente a coloração, até deixá-la pálida e sem vida. Quando se tratar de algo desejado, a cor deve ser incrementada, junto com o brilho.

Essas são as submodalidades visuais. Ao habituar-se a trabalhar adequadamente com elas, você vai sentir os resultados positivos.

Submodalidades auditivas

Assim como as modalidades visuais, as auditivas também têm suas submodalidades, que devem ser potencializadas, no caso de metas positivas — de realização desejada —, e enfraquecidas, quando traumáticas.

Vamos a elas:

Tonalidade — Tornar mais grave, quando muito agudo, e vice-versa.

Volume — Se estiver muito alta a voz da pessoa que estiver falando, ou do objeto que estiver produzindo aquele som, baixar o volume, até chegar a um ponto que não cause desagrado.

Ritmo — Diminuir o ritmo, quando muito acelerado, principalmente ao se tratar de pessoa que fale muito alto, com voz estridente. Imaginar um disco que vai diminuindo a rotação, parecendo uma vitrola desregulada.

Submodalidades cinestésicas

Iremos, como nas demais, trabalhar com suas submodalidades:

Intensidade — Verifique ou intensifique, se quiser eliminar ou acentuar a sensação.

Localização — Identifique onde está a sensação, em que ponto de seu corpo, e se quiser aumentá-la, espalhe-a pelo corpo como se fosse água, molhando cada célula dele; se quiser extirpá-la, transfira-a para um ponto longe do local condizente e dê preferência a um ponto que possa ser "jogado fora" (unha, saliva, cabelo etc.).

A forma mais comum do uso dessa técnica consiste em, pela imposição de mãos, localizar o ponto a ser energizado, condicionar o irradiado — sob a condução do irradiador — a fazer a dor (ou o mal, seja ele qual for) caminhar pelo corpo até a extremidade de um braço, uma perna ou até a ponta dos cabelos, e dali ser expelida do corpo.

Conforme o caso, a pessoa pode ser condicionada a livrar-se do mal, eliminando-o pelas fezes, pela urina ou até pela saliva. A técnica de fazer a dor correr pelo corpo até uma extremidade, para ser eliminada, se chama deslizamento.

Por ser pessoal e intuitiva, essa técnica pode sofrer algumas variações, mas, de forma geral, o modo de acionar e os resultados são semelhantes.

É importante salientar que esse método não demanda o uso de hipnose — pelo menos não da forma como é conhecida e aplicada. A pessoa coloca-se em posição confortável para poder relaxar, fecha os olhos e procura tornar-se receptiva àquela forma de terapia, não sendo induzida a "dormir" ou a perder a consciência de seus atos; ela apenas passa a ter controle mais concentrado sobre cada parte de seu corpo.

Soube, através de um oncologista[1] de São José dos Campos — que havia feito nosso curso de PNL —, do histórico de uma paciente dele que vivia a se queixar de dores, em conseqüência do mal que a afligia. Disse-me ele que já não havia, para ela, analgésico que fizesse efeito, após tantas cirurgias para extirpar-lhe o câncer que a acometera. Inteirado da técnica de realinhamento da linha de tempo, ele pediu-

1. Oncologia — Parte da medicina que estuda os tumores.

lhe que fechasse os olhos e procurasse "ver" a imagem que lhe vinha à mente no instante em que era acometida por essas crises. A paciente respondeu-lhe que, nesses instantes, via a figura da mãe — que havia morrido de câncer — já na fase terminal, e todo o seu sofrimento.

Primeiramente ele trabalhou no sentido de jogar para o passado aquela imagem; em seguida, usou a técnica de deslizamento, fazendo-a tirar aquele sofrimento do corpo. Depois começaram a conversar sobre assuntos diversos. Quando ela ia saindo do consultório, o médico indagou: — E aquela dor? Melhorou? — Como que caindo em si, ela respondeu: — Aquela dor?... Ela... É! Passou! Sinto apenas um leve formigamento no lugar.

Foram aqui mostrados alguns exemplos e fórmulas para ministrar bem-estar a terceiros, mas o que é fantástico nesta técnica é que ela pode ser autoministrada. Por meio da energia mental e da cinestesia, qualquer um pode curar-se de seus males por esse processo. Todavia, um alerta: cuidado com expressões como: "minha úlcera; meu bico-de-papagaio; minha enxaqueca etc.".

Todo e qualquer mal que atinja tanto seu corpo quanto sua mente não é seu. Está aí e precisa ser eliminado, e não perdido. A mulher que quer emagrecer, na realidade quer eliminar peso, e não perder peso, pois quem perde sai à procura, e geralmente torna a achar. Cuidado!

2º Passo — Como eliminar imagens negativas

Já foi mostrado que as imagens que aparecem fora de lugar em sua tela mental são entraves para as realizações positivas de sua vida. Vamos eliminá-las.

Sente-se em uma poltrona confortável, tome uma posição que não lhe seja incômoda, mantenha a coluna ereta, evite cruzar braços e pernas e tenha em mente que, durante todo o exercício, você não deve virar a cabeça para os lados; vai mantê-la voltada para a frente, até o final. Isso feito, relaxe o máximo possível todos os músculos do corpo, enquanto vai respirando lenta e profundamente. Faça isso até sentir que está bem relaxado.

Você irá, agora, realinhar um passo da linha de tempo; poderá realinhar quantos passos quiser; porém, um de cada vez.

Feche os olhos e traga para sua tela mental uma imagem negativa que o incomode, e que você deseje eliminar. Trabalhe nisso até que essa imagem fique bem clara em sua tela.

Ao vê-la bem nítida, leve a mão esquerda exatamente ao ponto onde ela aparece, com a palma da mão voltada para você. Faça a imagem situar-se na palma da mão, como se sua mão fosse uma tela de tevê. Quando a imagem estiver bem enquadrada, vá afastando lentamente a mão para longe dos olhos e sinta que a imagem vai diminuindo de tamanho, com a distância. Se ela estiver colorida, vá retirando as cores, deixando-a esfumada e escurecida. Não tenha pressa; faça isso devagar, até ela ir perdendo cor e luminosidade.

Afaste lentamente a mão para a esquerda, trazendo junto a imagem. Se ela insistir em não caminhar junto, volte com a mão, enquadre-a novamente e repita o movimento.

Pode ser que a imagem fique distorcida; não se inquiete com isso. Caso a imagem insista em permanecer no lugar, empurre-a para a palma da mão, como se estivesse empurrando um aparelho de tevê para situá-lo melhor. Continue afastando lentamente a mão para a esquerda. Se perceber que a imagem vem acompanhada de algum tipo de som, vá baixando o volume, até emudecê-lo de vez.

Tudo isso deve ser feito com toda lentidão que o processo exigir. Ao tentar forçar esse processo, você pode perder o domínio sobre ele; portanto, não dê saltos.

Durante esse processo, verifique se está sentindo algum tipo de pressão ou dor, em alguma parte do corpo. (Ao trazer à lembrança uma imagem muito forte — positiva ou negativa —, ela pode vir acompanhada de sensação de dor, mal-estar, formigamento ou qualquer outra sensação cinestésica.) À medida que for trazendo a mão para a esquerda e para baixo, sinta que a pressão ou dor vai diminuindo. Conforme sua mão vai alcançando a posição de 9 horas, abaixo do horizonte, sinta que a sensação desagradável vai diminuindo, ficando fraca, enquanto você começa a ser invadido por um bem-estar e uma paz interior gratificantes. Procure sentir isso.

Agora seu braço está em posição de 9 horas, e a imagem ameaça escorregar para fora de sua mão; vai deslizando para a ponta dos dedos e, nesse instante...

...JOGUE-A FORA!!!!!!!!

Você pode trazer essa sensação para qualquer ponto do corpo onde possa ser eliminada; por exemplo: para a ponta das unhas ou dos cabelos (que podem ser cortados), ou para as fezes ou a urina (que podem ser eliminadas naturalmente).

Torne a fechar os olhos e procure focalizar a mesma imagem; se ao fim de alguns segundos não conseguir, é sinal de que você já a arquivou, lá no passado. Ela não mais o incomodará no eterno presente.

Caso ela ainda insista em voltar — mesmo que mais fraca —, sempre olhando para a frente, de olhos fechados, localize-a; coloque a mão onde ela aparece e procure ver a imagem dentro de um carrinho; empurre-o junto com a mão, até deslocá-lo para as 9 horas. Mesmo que a imagem se distorça, ou fique deformada, continue empurrando-a para a posição de 9 horas e abaixo do horizonte, vendo-a ficar cada vez menor e mais apagada, até sumir.

Permaneça mais alguns segundos de olhos fechados, até estar certo de que ela sumiu de vez.

Após experimentar essa técnica, você vai perceber duas coisas acontecerem: 1ª — Vai sentir o corpo mais leve e liberado. 2ª — Cada vez que repetir a experiência, vai perceber que se torna mais fácil executá-la. Logo estará dominando a técnica de realinhamento de tempo.

Alguns céticos[1] poderão colocar dúvidas sobre essa técnica, sob a alegação de que, se são precisos anos de terapia

---

1. "Ceticismo" — Atitude ou doutrina segundo a qual o homem não pode chegar a nenhum conhecimento indubitável, quer nos domínios das verdades de ordem geral, quer no de algum determinado domínio do conhecimento. (Cf. *Novo Dicionário Aurélio da Língua Portuguesa.*) (N. da A.)

intensiva para livrarmo-nos de males psíquicos, não seria um exercício de alguns minutos que iria resolver problemas desse tipo. A resposta da PNL é: se o que está gravado na mente é fruto de imagens e sons que provocam sensações, basta trabalhar essas sensações, através do som e da imagem, para que sejam mudados os registros no cérebro. O medo do escuro, que apavora uma criança, causado por uma sensação, uma imagem e um possível som, pode ser extinto quando ela é levada a compreender que aquilo que a faz temer a escuridão é a ignorância do que possa estar acontecendo sem que ela possa ver (imagem). Quando isso é compreendido, esse medo é extirpado da criança, ainda na infância.

Se isso é possível com uma criança, por que não seria igualmente possível cancelar uma imagem que aflige o adulto pelo fato de ele não saber de onde vem aquela sensação? Claro que é possível! Quando se diminui a sensação, a imagem tende a diminuir também.

Grandes empresas comerciais e estatais estão usando a PNL no treinamento de seus homens, por reconhecerem seu valor e o benefício que essa técnica pode trazer, principalmente no trato com outras pessoas.

Recentemente, a divisão de polícia militar denominada Rota passou a englobar essa técnica no treinamento dos homens incumbidos da ronda policial e da caça aos bandidos e marginais. Por meio dela pode-se tirar ou colocar o que quiser da mente, pois tudo que está registrado tem som, imagem e sensação.

Assuma a liderança sobre você

Nenhum capitão de navio ousaria jogar a âncora de seu barco no meio de uma tempestade, com ondas muito fortes e altas. Ele iria, isto sim, procurar um ponto — uma baía, de preferência — com águas calmas e tranqüilas; aí, sim, ele faria a ancoragem.

Sejamos os capitães de nossos barcos e procuremos um lugar tranqüilo para ancorar. Esse lugar pode ser seu quarto ou uma sala isolada onde você não seja molestado, em sua casa ou no escritório.

Se você já tem seu porto seguro, leve seu barco até lá, acomode-se confortavelmente — como já lhe foi descrito —, feche os olhos e inspire profundamente pelo menos três vezes, soltando lentamente o ar, na convicção de que cada vez que executa esse exercício respiratório você está oxigenando o cérebro e renovando o ar residual dos pulmões. Enquanto respira, procure relaxar o corpo todo; ombros, braços, pernas, pés; procure soltar o feixe de músculos e nervos que costumam amarrar-lhe a nuca, as costas e o abdome.

Sem abrir os olhos, procure em sua mente a lembrança de um momento em que você tenha sido intensamente feliz. Não importa a época; o que interessa é que esse instante tenha sido de imensa felicidade, talvez o maior de sua vida.

Contemple essa imagem; aumente o quadro; amplie a imagem que você vê. Ponha cor nela. Deixe-a bem colorida, como se estivesse nascendo um sol dentro dela. Aproxime-se dessa imagem; aproxime-se bem dela. Se essa imagem tiver som, aumente o volume e procure ouvir esse som com nitidez. Caso não haja som, ponha para tocar aquela música que você ama com carinho; que vem carregada de ótimas recordações e deliciosas sensações.

Permaneça assim por alguns segundos, vivendo intensamente essa sensação. Depois toque seu corpo no ponto onde sente que essa sensação é maior, mais forte.

Agora imagine que cada célula vai transmitindo essa sensação para as demais, espalhando pelo corpo todo esse estímulo balsâmico, como se fosse um manancial de água cristalina invadindo cada interstício de seu ser; transmita para suas células o estímulo de alegria e perceba como elas vão ficando felizes. Deixe esse processo invadir sua cabeça, costas, tórax, braços e pernas.

No momento em que sentir que essa sensação tomou conta de seu corpo todo, toque no cotovelo esquerdo e comprima-o levemente por três vezes, enquanto repete mentalmente: "Cada vez que eu tocar meu cotovelo esquerdo, essa sensação gostosa, de bem-estar, vai voltar tão intensa quanto agora". Em seguida, abra os olhos e diga, em voz alta: "Está feito!"

Ao concluir esse exercício, você terá praticado ancoragem. Sempre que quiser repetir a sensação vivida nesse momento, bastará tocar aquele ponto. Seu cotovelo esquerdo vai representar o ponto de "signo-sinal" para acionar o mecanismo que pode lhe proporcionar momentos iguais a esse.

Pode ser usado qualquer outro ponto do corpo como disparador do signo-sinal: ponta da orelha, do nariz, a testa; enfim, aquele com o qual se sentir melhor.

Você pode ancorar o estado que quiser, na hora que quiser: de vitória, de felicidade... aquele que desejar. Basta acionar o ponto do signo-sinal, e o estado desejado se repetirá, às vezes com tal intensidade que você será capaz de "viajar".

O que foi apresentado neste livro não são milagres, não dependem de santidade, tampouco de meditações profundas, ou treinamentos esotéricos complicados. São apenas técnicas, compreensíveis e factíveis, que qualquer pessoa pode colocar em ação, com a finalidade de plenificar seus talentos e habilidades. Mais que isso: ao começar a usar essas poderosas ferramentas e a disseminar esses ensinamentos, você estará contribuindo para a formação de um mundo melhor.

Colocar a palavra "fim" num livro como este provoca uma sensação de nostalgia, de coisa acabada, quando na realidade ainda há muito a ser dito. É idéia nossa que este seja o primeiro de uma série sob o título *Líder 24 Horas*.

Aqui fica, pois, um "até breve", com uma das mais belas histórias que já ouvi:

Um dia, certo pastor isolou-se em seu aposento para meditar sobre o tema que usaria na pregação daquele dia. Porém, mal havia entrado em seu quarto quando foi interpelado pelo filhinho de seis anos, pedindo-lhe que fosse brincar com ele. Rígido cumpridor de seus deveres, mas também pai amoroso daquela criança, o pastor se viu colocado entre dois fogos: todavia, homem inteligente que era, habituado a se defrontar com problemas bem mais sérios que aquele, pensou um instante e julgou haver encontrado a solução. Esboçou rapidamente um desenho, em uma folha de papel, e pediu ao garoto que fosse até a mesa da sala colorir o desenho. Certo de haver resolvido momentaneamente a questão, o pregador viu o menino sair correndo com a folha de papel esvoaçando em sua mãozinha. Mal havia voltado ao seu assunto, contudo, e lá veio o garotinho gritando:

— Papai! Papai! Já pintei o desenho! Agora vem brincar comigo?

Entre feliz com a esperteza do filho e apreensivo ao ver o tempo passando, fez outro desenho, pedindo-lhe que colorisse todo o desenho dessa vez. Tudo em vão, porém; lá veio ele novamente, exultante:

— Veja, papai! Pintei todo ele, como o senhor mandou. Agora o senhor vem brincar comigo?

A seu modo, ele havia rabiscado o papel todo. Como encontrar defeitos? Como pedir que ele o colorisse melhor? O entusiasmo brilhava nos olhos daquela criança. Dilema difícil de resolver; que seria mais importante: sua pregação, para mostrar o caminho ao rebanho, ou a satisfação daquela pequena rês, que tanto confiava nele e de quem tanto dependia?

Foi nesse momento que, olhando para a parede, ele imaginou haver encontrado a solução. Lá, pendurado, havia um grande mapa-múndi. Rapidamente ele tirou o mapa da parede, tomou de uma tesoura e picou-o numa infinidade de pedaços. Após embaralhá-los, entregou-os ao menino e disse:

— Meu filho, quero que você junte todos estes pedaços até formar, de novo, o mapa que estava na parede. Vá! — Enquanto o garoto saía correndo em direção à sala, aquele pai respirou aliviado, pensando: "Como não conhece geografia, ele vai levar muito tempo para montar aquele mapa, se é que vai conseguir".

O que o pastor não reparara é que, atrás do mapa, havia impresso o retrato de um homem. Voltou para sua meditação, na certeza de que agora teria tempo para encontrar o tema de sua pregação. Qual não foi, porém, sua surpresa quando, minutos depois, a criança veio dizer ao pai que o mapa já estava montado. Incrédulo, o pai reagiu:

— Não é possível, filho!!!

Com ar de triunfo, a criança respondeu:

— É, sim, pai. Venha ver!

Puxando insistentemente o pai pela mão, levou-o até a sala, apontou o dedinho para o mapa sobre a mesa e disse:

— Não falei?

Ali estava o quebra-cabeça montado, sem faltar uma única peça. Sem querer acreditar no que via, o pastor perguntou:

— Como foi que você conseguiu fazer isso em tão pouco tempo?

Com a inocência que só uma criança sabe ter, aquele pirralhinho olhou para o pai e disse:

— Foi fácil! Eu consertei o homem que estava atrás do mundo, e o mundo ficou bom!

O pastor sorriu, ergueu os olhos para o alto e falou para si mesmo:

— Louvado seja Deus! Eu estava apreensivo, à procura do tema para a minha pregação, e venho encontrá-lo nas palavras de uma criança!

"Eu consertei o homem que estava atrás do mundo, e o mundo ficou bom!!!" Que grande verdade! Se consertarmos o homem que está atrás do mundo de cada um de nós, com certeza o mundo vai ficar bom. Se o mundo de cada um melhorar e ficar bom...

Se cada um se tornar *Líder 24 horas por dia*... sem dúvida, vai ocorrer o que todos nós queremos: surgirá a geração de um mundo bem melhor.

Eu posso... Você pode... Todos nós podemos.

F I M . . . (do começo)

Exercício de relaxamento

Mais que relaxar os músculos, este exercício promove melhor oxigenação do cérebro e funcionamento orgânico de forma geral. Faça bem feito, para tirar o máximo de proveito dele. Sempre que se sentir tenso ou com dificuldade para conciliar o sono, observe as instruções que seguem; você encontrará mais facilidade para dormir, e seu corpo ficará livre de tensões musculares durante toda a noite. Melhor ainda será se você gravar em fita cassete as orientações que serão dadas a seguir e puser a fita para tocar sempre que for dormir.

Cada vez que um atleta precisa buscar forças extras — aquele "algo mais" — para vencer uma prova olímpica, na qual só disputam campeões, ele se concentra profundamente, mentaliza cada passo, cada gesto que deve executar, imagina-se fazendo aquilo com perfeição e só então parte — fisicamente — para a execução da prova. Ao executar esse ritual, ele está fazendo nada mais, nada menos que programar o cérebro para que execute os movimentos o mais próximo possível da perfeição. Ao receber essa programação o cérebro procurará executá-la de acordo com as ordens que lhe foram dadas. Isso promove o *princípio da pequena diferença.*

Agora, ao preparar-se para os exercícios de relaxamento, procure fazer o mesmo, para tirar bom proveito do resultado que espera alcançar deles.

Procure um lugar em que possa ficar o mais isolado possível de pessoas, ruídos e movimentos. Sente-se em uma cadeira (ou poltrona) em que possa se sentir confortável, porém mantendo a coluna ereta e o abdome solto para que a respiração se faça livremente. Afrouxe o cinto, colarinho (as mulheres devem afrouxar o sutiã) e qualquer roupa ou utensílio que possa comprimir seu tórax.

Para que você não se distraia com as coisas que vê ao redor, procure obscurecer o ambiente, deixando-o em total penumbra. Acione seu *visual-auditivo-cinestésico interior* e, se quiser obter ainda melhor resultado, acione também seu sentido olfativo, acendendo um incenso. Evite cruzar braços e pernas.

Concentre-se, feche os olhos e ordene ao cérebro que execute exatamente as ordens que você lhe vai transmitir.

Comece pela respiração. Inspire lenta e profundamente pelo espaço de mais ou menos dez segundos, enchendo de ar os pulmões e o abdome (respiração diafragmática). Depois leve outros dez segundos para soltar lentamente o ar. Regule a respiração para que, ao final desse tempo, seus pulmões estejam cada vez mais vazios; isso proporciona a troca de ar residual. Procure seguir essa forma de respirar até o final do exercício.

Recanto do relax

Imagine-se caminhando por uma praia ensolarada, de areia branca, fina e muito limpa. Chegue a um recôncavo onde não haja ninguém por perto. Viva esse colóquio profundo com a natureza. Deite-se; sinta a areia quente aquecendo suas costas nuas, enquanto o vento morno acaricia seu corpo. Aplique o *canal auditivo interior* para ouvir o ruído das ondas e o canto dos pássaros ao redor. Use o *visual interno* para "ver" as gaivotas voando, preguiçosas, no céu salpicado de nuvens brancas, e o azul-verde do mar rendado pela espuma branca das ondas. Integre-se a esse quadro. Você já não sabe dizer se o ar que respira é parte de você ou se você faz parte do ar que respira. Deixe-se envolver por essa sensação.

Esse é um momento mágico. Curta por alguns instantes esse milagre. Sinta como se o chão sob seu corpo ondulasse no mesmo ritmo das ondas, embalando seu corpo docemente. Continue com a respiração compassada.

Após criar esse estado usando um processo de *tela mental*, acione seu *visual interno* para visualizar um triângulo azul cintilante entre os olhos, situado na altura da terceira visão (método cromoterápico). Uma vez fixado o triângulo azul no local determinado, imagine, vindo do infinito em sua direção, um ponto azul luminoso (como se fosse uma estrela) que, ao se aproximar, vai tomando a forma do número 10. Ele passa por dentro do triângulo e penetra sua cabeça. Use o canal *cinestésico interno* para sentir esse número 10 ir se desmanchando até se transformar em poeira energética azul cintilante, que envolve toda sua cabeça por dentro, percorrendo cada dobrinha do cérebro, até envolver toda a cabeça, por dentro e por fora. Sinta o poder relaxante desse *banho energético*.

Vindo do mesmo ponto infinito veja, agora, o ponto azul luminoso se aproximar e transformar-se no número 9. Faça-o passar por dentro do triângulo, penetrar sua cabeça, dissolver-se em poeira luminosa e descer pela garganta, laringe, faringe, esôfago e estômago, banhando todos os espaços, espalhando-se e penetrando cada célula daqueles órgãos. Sinta a sensação. Não descuide da respiração.

Use o mesmo método com o restante da numeração decrescente, até zero, espalhando a energia relaxante por todos os órgãos, braços, pernas, mãos, pés, até sentir que seu corpo está pleno dela. Não tenha pressa nesse processo. Usando os canais internos, faça a poeira azul luminosa espalhar-se por todo o corpo, enquanto mantém a respiração compassada. Sinta o corpo ficar totalmente relaxado, como se estivesse flutuando. Usufrua o máximo dessa sensação. Se fizer isso ao se deitar para dormir, com a repetição você vai chegar a um ponto em que, logo após iniciar o exercício, vai sentir o corpo dormente, em estado letárgico, e logo mergulhará num sono reparador. Para que isso ocorra é preciso fazer bem feito o exercício.

Quando perceber que já entrou nesse estado — fora da hora de dormir —, dê um comando ao cérebro para mantê-lo relaxado pelo espaço de dois minutos, como se tivesse dormido por oito horas. Verificará que, ao findar o exercício, por mais cansado que estivesse, você se sentirá plenamente revigorado.

Usei a visualização de uma praia deserta para o exercício; contudo, se preferir, você pode usar qualquer outro local de repouso, desde que se sinta bem e esteja só, nesse local. Sempre que for fazer o exercício, procure o *recanto do relax* que tiver escolhido.

Com o tempo, bastará que dê mentalmente o comando dos números — mesmo que esteja em plena atividade — para que o ponto correspondente a esse número, em seu corpo, fique instantaneamente revigorado. Por exemplo: se em seu trabalho sentir a garganta irritada, pare o que estiver fazendo, imagine o número 9 chegando até você e banhando a sua garganta com a poeira azul luminosa (também chamada *prana*), para livrá-lo desse mal.

Agora você tem a chance de ser mais dono de você, para poder ser *Líder 24 horas por dia*.

Indicações de Leitura

Andreas, Steve e Faulkner, Charles — *PNL — A Nova Tecnologia do Sucesso*. Ed. Campos.

Autobiografias: Lee Iaccoca
Akio Morita

Avis, Warren — *Atreva-se a Ser Líder*. Ed. Maltese.

Bandler e Grinder — *Usando Sua Mente*. Summus Editorial.

Bandler e Grinder — *Sapos em Príncipes*. Summus Editorial.

Bandler, Leslie — *Soluções*. Summus Editorial.

Bandler, Leslie — *O Refém Emocional*. Summus Editorial.

Blanchard, Kenneth, Zegarmi, Patricia e Drea — *Liderança e o Gerente Minuto*. Ed. Record.

Deck, Roger von — *Um Toc na Cuca*. Ed. Cultura.

Dyer, Weine W. (Dr.) — *Não se Deixe Manipular pelos Outros*. Ed. Record.

Hill, Napoleon — *A Lei do Triunfo*. Ed. José Olympio.

James, Tad, PhD — *Terapia Através da Linha de Tempo*. Ed. Eko.

James, Tad, PhD — *Criando Seu Futuro com Sucesso*. Ed. Eko.

Liderança: uma estratégia motivacional. Expansão do potencial pessoal. Sistema Audiotutorial. Personal Ind. Com. e Exp. Ltda.

Luft, Joseph e Ingham, Harry — *Of Human Interection*. Ed. Mayfield Pub. Comp.

Maltz, Maxwell — *Psicocibernética — Liberte Sua Personalidade*. Summus Editorial.

Mandino, Og — *O Maior Vendedor do Mundo*. Ed. Record.

Mandino, Og — *O Maior Milagre do Mundo*. Ed. Record.

Robbins, Anthony — *Poder Sem Limites*. Ed. Best Seller.

Robbins, Anthony — *Desperte o Gigante Interior*. Ed. Record.

Spritzer, Nelson — *O Cérebro*. Ed. Dolphin. (vídeo)

Tzu, Sun — *A Arte da Guerra*. Ed. Record.

Ziglar, Zig — *Eu Chego Lá*. Ed. Record.

Ziglar, Zig — *Como Criar Filhos com Atitudes Positivas (no Mundo Negativo)*. Ed. Maltese.

Outros títulos publicados pela BestSeller:

OS 7 HÁBITOS DAS PESSOAS ALTAMENTE EFICAZES

Stephen R. Covey

Em *Os 7 hábitos das pessoas altamente eficazes*, considerado o livro de negócios mais influente do século XX, estão contidos os princípios fundamentais da eficácia humana – sete hábitos básicos e primordiais nos quais estão baseados o sucesso e a felicidade duradoura. Em novos Prefácio e Posfácio, Stephen R. Covey mostra por que estes hábitos ainda são essenciais para as pessoas alcançarem o que desejam na vida pessoal e profissional. Seu objetivo é inspirar, elevar e oferecer ferramentas para a mudança e o desenvolvimento de pessoas e organizações no mundo inteiro.

ALEXANDRE, O GRANDE

A ARTE DA ESTRATÉGIA

Partha Bose

Em *Alexandre, O Grande – a arte da estratégia*, Partha Bose, um dos maiores especialistas mundiais em estratégia empresarial, apresenta o estilo de liderança e o legado de Alexandre de uma forma inovadora – e mostra como usar os segredos do general macedônio para vencer os desafios de hoje, a exemplo do que se tem feito há séculos nos negócios, na política e nas forças armadas.

LÍDER A SERVIÇO

SÉRIE KEN BLANCHARD

Ken Jennings e John Stahl-Wert

Este é um guia prático sobre os princípios básicos da liderança. Em uma parábola interessante que relata a trajetória de crescimento que todo grande líder em busca de um significado maior em sua gestão deve trilhar, os autores mostram como determinadas ações podem atuar de modo transformador.

CONTATOS PARA A VIDA INTEIRA

SÉRIE KEN BLANCHARD

Tim Templeton

Colocar os relacionamentos em primeiro plano: este é o princípio básico de *Contatos para a vida inteira*. Por meio de uma fábula de negócios divertida e inteligente, Tim Templeton apresenta um método simples e eficiente que dará a todos a habilidade para obter referências consistentes, as quais irão resultar em novos clientes, ajudar a manter e a melhorar os negócios que já existem e garantir um enorme aumento da sua qualidade de vida.

ZONA DE ALTA FREQÜÊNCIA

AS SEIS CARACTERÍSTICAS DOS GRUPOS ALTAMENTE EFICIENTES

Paul Deslauries

O engenheiro e ecologista Paul Deslauriers tem profundo conhecimento da filosofia oriental e dedicou muitos anos de sua vida a pesquisas científicas. Com tanto conhecimento e uma vasta experiência adquirida como consultor de empresas, descobriu seis características que asseguram desempenho de altíssima energia entre um grupo de pessoas. Desenvolvendo e aplicando essas características, todo tipo de relacionamento, pessoal e profissional, pode ser mantido permanentemente em uma zona de alta freqüência que gera resultados incríveis.

METAS

Brian Tracy

O especialista em treinamento empresarial Brian Tracy ensina em *Metas* como assumir pleno controle da própria vida. Através do prático e comprovado processo de estabelecimento e concretização de objetivos é possível realizar muito em pouco tempo. O segredo do sucesso é simples: anotar por escrito as metas, fazer planos para alcançá-las e trabalhar diariamente, sem medo de suar a camisa. Tracy reuniu 21 das mais importantes idéias e estratégias para alcançar com sucesso seus objetivos.

VOCÊ QUER, VOCÊ PODE

Barry Siskind

Este livro apresenta sete estratégias eficientes para resgatar os princípios básicos do bom-senso e alcançar a mais plena realização pessoal. Ao seguir o programa proposto, você verá como construir uma carreira vitoriosa, como manter relações afetivas e familiares felizes e, principalmente, como interagir na comunidade para realmente construir um mundo melhor.

O GERENTE PRAZO E META

Ken Blanchard e Steve Gottry

Através das histórias de Bob, um gerente que deixa todas as suas decisões e providências para o último minuto, os autores mostram como é possível se tornar mais eficiente e pontual. Ken Blanchard, autor da série *O gerente-minuto*, e Steve Gottry ensinam como respeitar prazos e metas por meio de três princípios: Prioridade, Propriedade e Compromisso. Um livro com estratégias práticas para acabar com o estresse gerado quando metas não são estabelecidas e prazos não são cumpridos.

ALAVANQUE SEU POTENCIAL

Scott Blanchard e Madeleine Homan

Este livro revela os principais segredos e técnicas usados pelos *coaches*, profissionais que ajudam outros profissionais a descobrirem o que é realmente importante em suas vidas. Os autores ensinam como fazer escolhas objetivas, eliminar o que é irrelevante e agir de maneira efetiva para conquistar tudo aquilo que se deseja.

DE COR E SALTEADO

Elson A. Teixeira

Destinado a todos aqueles que precisam descobrir como melhorar o aprendizado, *De cor e salteado* apresenta técnicas e exercícios desenvolvidos para aprimorar o raciocínio lógico, a memorização e a capacidade de leitura e assimilação de informações. Destaque-se neste novo mundo globalizado, onde a concorrência é acirrada e é preciso ser melhor a cada dia.

Este livro foi impresso no
Sistema Digital Instant Duplex da Divisão Gráfica da
DISTRIBUIDORA RECORD DE SERVIÇOS DE IMPRENSA S.A.
Rua Argentina, 171 - Rio de Janeiro/RJ - Tel.: 2585-2000